아무튼, 미술관

아무튼, 미술관

이유리

차례

첫 만남 ___ 6
일단 미술관으로 돌진하기 ___ 14
기다림의 자세 ___ 22
불편한 예술 ___ 30
공간의 힘, 로스코 ___ 40
뒷모습 ___ 48
스탕달 신드롬 ___ 56
미술관에 가는 여자들은 위험하다 ___ 66
장롱을 여는 일 ___ 74
미술관에 가면 왜 다리가 아플까 ___ 82

화이트 큐브 ___ 90

무제 ___ 98

액자 ___ 106

굿즈 ___ 114

지구에 해로운 미술관? ___ 122

대안으로서의 미술관 ___ 132

미술관으로 변신한 공간들 ___ 140

조금 더 다정한 미술관 ___ 148

일상에서 아름다움을 발견하는 연습 ___ 156

삶의 마지막 페이지 ___ 164

첫 만남

눈을 떠보니 집 안은 온통 유리밭이었다. 엄마는 잠에서 깨어난 내게 다칠 수 있으니 이불 속에 가만히 있으라고 당부했다. 하지만 나는 바닥에 널려 있는, 아침햇살에 비현실적으로 반짝이는 유리 조각 사이로 살금살금 길을 내어 빠져나왔다. 엄마는 간밤에 아빠가 깨뜨리고 부수어놓은 세간살이들을 치우지 않았다. "이렇게 만들어놓은 ××가 치워야지, 내가 왜 치워!"

일종의 클리셰랄까. 드라마나 영화에서는 부부 싸움 도중 어린아이가 곰 인형 같은 걸 안고 자기 방에서 나와서 "싸우지 마…"하며 울음을 터뜨리는 장면이 종종 나온다. 그때마다 나는 '싸움의 강도가 약했나 보다' 또는 '자주 안 싸우는 집이니까 저렇지' 하고 냉소한다. 어쩌면 부러움일 수도 있겠다. 세상에, 부러워할 대상이 없어서 드라마 속 어린아이를 부러워하나. 하지만 정말 그랬다. 내 어린 시절은 집 안에서 큰 소리만 나도 울기는커녕 혹여 내 숨소리마저 새어나갈까 봐 조심조심하며 베개에 얼굴을 파묻기 일쑤였기에. 몸을 웅크려 작게, 최대한 작게 말고 있다가 까무룩 잠드는 것이 내 일상이었다.

그런 다음 날 밤에는 늘 아빠의 혼술이 이어졌

다. 아빠는 울분이 많았다. 집에 있는 반찬에 싸구려 양주를 마시며 한탄을 이어가다, 기분이 좀 풀어지면 병뚜껑에 양주를 조금 따라서 나한테도 조금 먹여주기도 했다. 그 양주의 이름은 나폴레온(나폴레옹이 아니라는 것에 주의). 나는 목구멍으로 넘어가는 독주 때문에 켁켁거리면서도 양주병에 인쇄된 나폴레온의 초상을 유심히 보았다. 단단한 턱, 형형한 눈빛. 아빠는 그를 '강철 같은 장군'이라 했다. 정면을 쏘아보는 그의 표정은 과연 강철 같았다. 나폴레온 라벨에 있던 나폴레옹 초상이 프랑스의 화가 자크 루이 다비드(Jacques Louis David) 그림의 일부라는 사실은 나중에 알았다. 하지만 그러거나 말거나. 이튿날 엄마는 진절머리 치며 술병을 치웠고, 나는 엄마 몰래 술병 속 나폴레온의 모습을 떼려다가 실패하곤 했다(그 시절 스티커의 성능에 경의를!).

    그놈의 술, 그놈의 부부 싸움, 다시 싸움의 단초를 제공했던 그 빌어먹을 놈의 나폴레온. 하지만 매혹적이었던 나폴레옹의 초상. 나는 학을 떼고도 남아야 했던 나폴레옹의 초상을 왜 굳이 손에 넣으려고 했을까.

언젠가 유리컵에 물을 받아 마시다가 코피 한 방울이 컵 안에 떨어진 적이 있다. 투명한 물속에서 새빨간 피가 퍼져나가다 조용히 사라지는 광경을 어린 나는 오랫동안 관찰했다. 마치 우리 집 공기 같았다. 숨 막히는 긴장이 흐르다 가끔씩 피도 보고야 마는 이 집안에서, 그리고 다시 무슨 일이 있었냐는 듯 조용해지는 이 집에서 나도 사라지고 싶었다.

 이제야 안다, 왜 내가 나폴레옹의 초상이 그려진 라벨을 손톱이 아프도록 떼어내고 싶어했는지를. 그것을 명확하게 인지하게 된 계기는 집에 클래식 컴필레이션 음반 세트가 들어오면서였다. 어느 날 아빠가 큰맘 먹고 인켈 오디오를 장만했고(이 역시 부부 싸움의 원인이 되었다), 어쨌든 그에 맞춰 엄마는 음반 세트를 구입한 것이다. 하지만 나는 음반 옆에 있는 '잿밥'에 더 관심이 있었다. 음반에 수록된 음악 리스트와 곡 설명이 적혀 있는 리플렛에는 명화가 있었다. 희한하게 클래식과 명화는 늘 짝꿍처럼 붙어 있었다. 쥘 마스네가 작곡한 바이올린 독주곡 〈타이스 명상곡〉 설명 옆에는 프랑스 화가 에드가 드가(Edgar De Gas)의 1878년 작 〈에투알〉이 있는 식이었다.

 리플렛은 어느덧 내 손때로 꼬깃꼬깃해졌다.

그림 보는 게 좋았다. 일종의 '덕통사고'였달까. 그림은 나를 옥죄는 지긋지긋한 현실에서 다른 차원의 공간과 시간 속으로 나를 훌쩍 데려다주는 느낌이었다. 야콥 반 루이스달(Jacob van Ruisdael)의 그림을 통해 나는 17세기 풍차가 돌아가는 네덜란드를 걸을 수 있었고, 어느 날에는 빈센트 반 고흐(Vincent van Gogh)의 그림 덕분에 별이 총총 떠 있는 프랑스 아를의 테라스에 앉아 있을 수도 있었다. 그림은 마치 C. S. 루이스의 소설 『나니아 연대기』 속 마법의 옷장 같았다. 소설 속 주인공들은 마법의 옷장을 통해 환상의 나라 나니아로 들어간다. 내게는 바로 그림이 나를 내 삶의 구획선 밖으로 인도해주는 마법의 옷장이었던 셈이다. 그 옷장 속에서 나는 비로소 등에 칼처럼 꽂혀 있던 긴장과 불안을 하나하나 뽑아낼 수 있었다.

그때부터였던 것 같다. 미술 교과서나 잡지, 신문에 그림이 있으면 오려서 스크랩하는 버릇이 생긴 것은. 이른바 '나만의 미술관'을 세운 셈이다. 내 미술관에 소장된 컬렉션 중에 특별히 기억나는 그림이 있다. 17세기 네덜란드 화가 마인데르트 호베마(Meindert Hobbema)의 대표작 〈미델하르니스의 가로수길〉이 그것인데, 화가 이름과 그림 제목은 낯설지 몰라도 아마 인터넷으로 검색해보면 바로 '아, 이 그림!' 하고 무릎을 칠 것이다. 왜냐하면 교과서에 단골로 등장하기 때문이다. 이유가 있다. 〈미델하르니스의 가로수길〉은 네덜란드의 한적한 전원 풍경을 운치 있게 그린 작품인데, 길게 뻗은 가로수길이 원근법과 소실점을 이론적으로 설명하는 데 안성맞춤이어서다. 하지만 충격적인(?) 건 내가 본 교과서에는 이 그림을 누가 그렸는지, 제목이 뭔지 적혀 있지 않았다는 사실이다. 〈미델하르니스의 가로수길〉은 교과서 속에서 단지 학생들에게 소실점을 잘 이해시키기 위한 도구로서만 기능했다. 열두 살의 나는 고뇌에 휩싸였다. 제목도 작가 이름도 모르는데 스크랩할 필요가 있을까? 하지만 이 그림 특유의 깨끗하고 아련한 느낌이 좋았던 나는 도저히 포기할 수 없었다. 어쩔 수 없이 〈미델하르니스의 가로수길〉은 달랑 그림만 오려져 '나만의 미술관'에 소장됐다.

〈미델하르니스의 가로수길〉을 내 눈으로 직접 본 것은 그로부터 10년이 지나서였다. 대학생이었던 나는 어학연수 차 영국 런던에 체류 중이었는데,

예상했듯(?) 영어 공부는 뒷전으로 미루고 마치 '도장 깨기' 하듯이 런던의 갤러리를 돌아다니고 있었다. 그렇게 영국 내셔널 갤러리에서 나는 그 그림과 필연적으로 마주쳤다. 이미 제목과 화가 이름을 알고 있었지만, 이 그림이 런던에, 내셔널 갤러리 2층 19번 방에 걸려 있다는 건 미처 몰랐다. 열두 살 소녀가 만든 미술관과 거의 200년의 역사를 자랑하는 미술관이 〈미델하르니스의 가로수길〉이라는 마법의 옷장을 통해 비로소 만나는 순간이었다. 어쩌면 그때 나는 내 미래를 예감했을지도 모르겠다. 우리에게 익숙한 그림이 품고 있는, 익숙하지 않은 이야기를 글로 쓰는 날이 올지도 모르겠다는. 미술관은 그렇게 내게 예술의 세상 속으로 들어오라며 동아줄을 내려주었고, 나는 엉겁결에 그 밧줄을 잡았다. 나는 "미술 전공생이 아니었어요? 그럼 어쩌다가 그렇게…"라는 질문을 숱하게 듣는, 비전공 미술 작가로서의 첫걸음을 떼어버린 것이다.

그런 의미에서 돌이켜보면, 나폴레옹이 그려진 그 술병 라벨은 내게 가장 먼저 열린 '미술관의 문'이었는지도 모르겠다. 유리 조각들을 피해 걷던 어린아이가 마음을 준 최초의 작품. 그렇게 처음으로 나를 사로잡은 '작품'이 싸구려 술병에 붙은 나폴레옹의 초상이었다는 사실이 지금의 나로선 이상하리만치 자연스럽다. 폭력과 분노가 뒤섞인 밤의 기억 한가운데서도 '강철 같던' 그는 절대 무너지지 않을 것 같은 버팀목처럼 느껴졌으니까. 이젠 미술관이 내게 그런 존재다. 누구에게도 말하지 못했던 감정의 파편들을 조용히 내려놓고, 그 앞에서만큼은 더 이상 웅크리지 않아도 되는 그런 공간; 나의 미술관.

일단 미술관으로 돌진하기

시작은 대학 시절의 어학연수였다. 내가 미술 공부에 본격적으로 빠져든 계기 말이다('영어 공부'가 아니라는 것에 주의할 것). 물론 그전에도 미술 에세이를 종종 찾아 읽긴 했다. 이를테면 『웬디 수녀의 유럽 미술 산책』 같은, 기행문과 미술 감상문의 경계에 서 있는 가벼운 대중서들. 책장을 넘기면서 나는 막연하게나마 '유럽 미술관에서 그림을 감상하는 나'를 상상하곤 했다. 그러나 곧 마음을 접었다. 나는 유럽이 아닌 캐나다로 떠나기로 결심했기 때문이다.

캐나다! 북미식 표준영어를 배울 수 있는 곳. 미국보다 총기 사용 위험이 비교적 적으면서도 생활비와 학비까지 저렴한 나라. 우람한 로키산맥이 반겨주는 곳. 나는 캐나다에 가고 싶었다.

이미 밴쿠버에서 어학연수를 마치고 돌아온 과 동기는 매일같이 캐나다에서의 추억 보따리를 풀어놓았다. 미국 시애틀과도 가까워서 잠깐씩 다녀올 수도 있다고 했다. 공부하기에 좋고 놀기에도 좋은 곳. 대학 시절의 낭만이 아른아른 손에 잡힐 듯했다. 그래, 빚을 내서라도 가자, 캐나다로. 로키야, 기다려라. 곧 만나는 거야!

그런데 일이 요상하게 흘러갔다. 모든 계획을

다 세워놓았는데 비자 발급에서 턱 막혀버린 것이다. 문제는 내 재정 상태였다. 학생 비자를 받으려면 통장 잔고 증명서가 필요했지만, 당시 내 통장은 말 그대로 '텅장'이었던 것. 꽃다발을 들고 찾아온 근육질 로키가 내 눈앞에서 뒤돌아서고 있었다. 안 돼!

바로 그때, 캐나다 어학연수를 상담해주던 분이 풀 죽은 내게 '제2안'을 내밀었다. 마치 '거절할 수 없는 제안'이라도 하듯 은밀한 표정과 목소리로.

"그럼 영국 런던은 어때요? 영국은 캐나다와 달리 비자 발급이 그리 까다롭지 않거든요."

영국, 그것도 런던이라니. 단 한 번도 생각해본 적 없는 선택지였다. 그도 그럴 것이 살인적인 런던의 물가를 생각하면 언감생심 아닌가. 거절? 나는 충분히 할 수 있었다.

그날 밤, 친구들과의 모임은 시작부터 초상집 분위기였다. 로키에게 차인 이야기를 하며 나는 눈물까지 찔끔거렸던 것 같다. 그러다 무심코 근심 가득한 얼굴로 런던 이야기를 꺼냈다. "얘들아. 나, '꿩 대신 닭'을 선택해야 할까?"

친구 A가 되물었다. "뭐가 꿩이고 뭐가 닭이야? 설마 런던이 닭이라는 말이야?"

친구 B는 기가 막히다는 듯 말했다. "야, 오히

려 잘된 거 아니야? 너 미술 좋아하잖아. 캐나다보다 미술관 가기 훨씬 좋겠네!"

아, 맞다. 나 미술 좋아했지!

어느새 내 머릿속에서 런던은 '꿩의 위치'로 도약하고 있었다. 어차피 빚낼 거 조금 더 무리해서 영국으로 가는 것도 나쁘지 않겠다는 생각이 들었다. 런던은 유럽 대륙 도시들과 달리 미술관 입장이 대부분 무료라고 하니까. 나처럼 가난한 학생에게는 딱 안성맞춤이었다.

사실 그 순간, 내 '어학연수'는 이미 실패가 예정되어 있었던 셈이다. 비행기를 타기도 전에 '잿밥'에 눈이 돌아가 있었으니 말이다. 예상대로 나는 열 달 동안 런던에서 영어 공부 대신 미술관을 샅샅이 돌아다니며 '미술 공부'를 했다. 한국어로.

*

요즘도 강연장에서 이런 질문을 종종 받는다.

"미술에 관해 아무것도 모르는데 미술관에 가도 되나요? 아는 만큼 보인다고들 하잖아요."

반은 맞고 반은 틀리다. 모르는 만큼 보이기도 한다. 이는 내 경험담이다. 런던으로 가는 비행기에 몸을 실었을 때, 내 영어 실력은 형편없었다. 수업시간에 몇 마디 말만 해도 선생님은 종종 이렇게 말했다. "음, 유리. 너의 악센트는 뭐랄까. 마치 왕실 영어 같아!" 같이 수업 듣던 친구들은 일제히 "오…!" 하고 웃었다. 선생님이 듣기 좋게 돌려 말했지만, 사실 내 발음이 지나치게 딱딱하다는 뜻이라는 걸 모두 간파한 것이다. 물론 나도 알아챘다. '돌려 까기'의 진수를 느꼈으면 더 노력하면 됐을 것을, 나는 그러지 못했다. 대신 상처 입은 자존심을 달래려 도망치듯 영어를 쓰지 않아도 되는 곳, 영어가 거의 들리지 않는 곳으로 향했다. 그곳은 런던 여기저기에 널려 있는 미술관이었다.

 미술관은 돌발 상황이 벌어질 확률이 적은 곳이었다. 그 돌발 상황이란 누군가가 내게 빠른 속도의 영어로 말을 걸고, 나는 '왕실 영어' 발음으로 대답해야 할 상황이 벌어지는 것이다. 미술관은 예상이 가능한 곳이었으며, 내가 통제할 수 있는 곳이었고, 따라서 안전한 장소였다.

 그림과 만날 때마다 나는 상대에 관해 아는 게 거의 없었다. 그림은 자신을 설명하려 들지 않았다. 예나 지금이나 그림은 지나치게 말이 없다. 하지만 나는 그 과묵함이 좋았다. 나는 제목도 보기 전에 혼자서 질문을 던지곤 했다. '이 작품은 그리스 신화 속 인물일까, 성경 속 인물일까?' 때로는 그림 속 인물에게 말을 걸기도 했다. '당신은 왜 울고 있나요?' 그럼 곧 답이 온다. '그 이유는⋯.' 물론 자문자답이다. 만일 그림 속 인물이 직접 대답해준다면, 그땐 병원 예약을 진지하게 고려해봐야 할 것이다.

그렇게 자주 그림을 보다 보면 어느 순간 시야가 트인다. 대부분의 미술관에서는 비슷한 시대의 작품을 모아서 전시한다. 작가는 달라도 주제나 소재가 비슷해 어느 순간 공통의 패턴이 눈에 들어오고, 그림이 전하려는 메시지를 자연스레 감지하게 되는 것이다. 예컨대, 나는 스틸 라이프(Still Life)라는 단어가 '정물화'를 뜻한다는 사실조차 몰랐다. 그런데 16~17세기 네덜란드·플랑드르 전시관에 가니 해골과 꽃, 촛대가 나오는 작품이 끊임없이 등장하는 게 아닌가. 그림 속 촛불은 꺼지고, 꽃은 시들고, 과일은 썩어 들어가고 있었다. 누구도 내게 설명해주지 않았지만, 비슷한 작품을 줄곧 보다 보니 자연스레 그림들이 내뿜는 허무함을 감지할 수 있었다. 나중에야 그것들이 라틴어로 공허, 가치 없음을 뜻하는 '바니타스(Vanitas)' 정물화라는 것을 알았다. 아무리 아름다워도, 아무리 많은 부와 명예를 갖고 있더라도, 우리 모두는 언젠가는 죽을 수밖에 없는 존재라는 진실. 메멘토 모리(Memento Mori), 즉 '네가 죽는다는 사실을 기억하라'는 교훈을 주는 그림 장르가 바로 스틸 라이프, 정물화였다.

 그전까지 나는 어떻게 생각했을까. 'Still'이라는 단어를 '여전히', 'Life'는 '삶'으로 해석해 '아무리 허무해도 여전히 삶은 계속된다'로 이해했다. 실제로 화가들이 그런 마음을 품은 채 그렸는지는 알 수 없다. 하지만 나는 화가들이 덧없는 삶 너머의 희망을 엿보며 그림을 그렸을 거라고 믿고 싶었다. 만일 내가 미술사를 미리 완벽하게 공부하고 갔다면, 과연 나만의 독창적인 해석에 도달할 수 있었을까? '죽음을 딛고 여전히 이어질 삶을 살아야겠다'라는 의지의 메시지는 전혀 읽어낼 수 없었을 것이다.

 미술을 '완벽하게' 공부한 뒤에야 미술관에 가겠다고 다짐했는가? 그렇다면 평생 미술관 문턱을 못 넘을 것이다. 세상에 완벽한 공부라는 것은 없다. 게다가 공부를 하고 가면 그림 속에서 공부한 만큼, '딱 그만큼만' 볼 확률이 높다. 배운 내용을 그림 속에서 찾고 확인하는 데 급급할 수 있기 때문이다. 무엇보다 나만의 독자적인 시각으로, 공부한 것 너머의 메시지를 읽을 수 있는 기회를 놓칠 가능성이 크다.

　수영을 배우려면 물에 뛰어들어야 한다. 아무리 이론과 영상을 통해 팔 젓는 기술을 익혔다 해도 물속에서 어깨 근육을 직접 움직이지 않는 이상 수영을 '할 줄 안다'고 말할 수 없다. 미술도 마찬가지다. 백번 책을 읽고 미술사 지식을 쌓아도, 결국 미술관이라는 바다로 뛰어들어 온몸을 적셔야 '나만의 방식'으로 작품과 만날 수 있다. 그러면 어느 순간 내 오감이 작품과 이어지는 느낌을 받게 되고, 자연스레 '내 눈을 사로잡는 작가'도 생긴다.

　그러니 기본기가 없다는 조바심은 저만치 밀쳐놓자. 대신 경험과 시간의 힘을 믿어보자. 마치 영어의 기본도 제대로 모른 채 과감하게 런던으로 돌진했던 지난 시절의 나처럼.

기다림의 자세

2003년 프랑스 파리의 오르세 미술관. 그날 나는 폴 세잔(Paul Cézanne)의 정물화 〈사과와 오렌지〉 앞에 서 있었다. 첫인상은 다소 혼란스러웠다. 하얀 천 위에 어지러이 흩어져 있는 사과와 오렌지가 당장이라도 탁자에서 굴러떨어질 것처럼 위태로워 보였다. 투박한 붓 터치 때문인지, 마치 균형을 잃고 곧 흔들릴 순간을 포착한 그림 같았다. 그런데 문득 이 작품이 언제 그려졌는지 궁금해 옆의 설명 패널을 확인하고는 깜짝 놀랐다. '1895~1900년경'. 순간 포착은 무슨, 세잔은 이 그림을 무려 5년간 공들여 그렸다!

  나중에 알게 된 사실이지만, 세잔은 한 작품에 상상을 초월할 만큼 오랜 시간을 쏟아붓는 화가로 유명했다. 하나의 정물화를 완성하기 위해 스케치를 백 번 넘게 반복했고, 그리던 사과가 썩어버릴 정도로 오래 관찰했다는 일화도 전해진다. 초상화를 그릴 때도 모델을 150번씩이나 앉혀 악명이 높았을 정도다. 그러나 그 우직함 뒤에는 깊은 철학이 있었다. 세잔에게 사과는 단순한 과일이 아니었다. 형태와 색채, 질감, 빛의 본질을 탐구하기 위한 '실험 도구'였다. 사과를 비롯한 모든 자연 속에서 원통, 구, 원뿔 같은 근본 형태를 찾아내고자 했던 그의 집념은 결국 아무리 오랜 시간이 지나도 빛바래지 않는 예술이 되었다.

　문제는 세상이 그 진심을 '너무 늦게' 알아챘다는 데 있었다. 당시 세잔은 기인이자 괴짜로 불렸다. "조잡한 실험", "구역질 나는 오물", "충동적이고 무의미한 미술", "야만인의 발광" 같은 호된 비난이 쏟아졌다. 심지어 어린 시절 친구였던 소설가 에밀 졸라마저 세잔을 조롱했다. 졸라는 1886년에 소설 『작품』을 발표했는데, 그 작품 속 '실패한 화가 클로드'가 자신을 빗댄 것이라고 여긴 세잔은 졸라와 절교했다. 많은 이가 졸라의 의도를 두고 오해일 것이라고 논쟁했지만, 가뜩이나 상처투성이였던 세잔에게 이 일은 상처에 소금을 뿌린 것과 다름없었을 것이다. 오늘날 오르세 미술관에서 화려한 액자 속 〈사과와 오렌지〉를 보면서는 상상하기 힘든 일화들이다.

　더 흥미로운 것은 세잔의 그림 옆에 걸려 있던 다른 작가들의 작품들, 예컨대 클로드 모네(Claude Monet), 에두아르 마네(Édouard Manet) 같은 인상파 대가들도 세잔과 비슷한 운명을 견뎌야 했다는 사실이다. 그들 역시 작품이 진정한 평가를 받기까지 끝을 알 수 없는 긴 터널을 지나야 했다. '오르세에 전시된 대가'라 하면 처음부터 천재로 추앙받고, 세상의 주목을 한 몸에 받았을 듯한데 말이다.

*

'병 속에 담긴 편지'. 세상에 내놓은 작품은 마치 유리병에 넣어 망망대해에 띄워 보낸 편지와 같다는 생각이 든다. 작가의 손을 떠난 순간부터 유리병은 파도에 속절없이 휩쓸리고 기약 없이 표류하며 때로는 험하게 굴러다닐 것이다. 그럼에도 이 마음 하나로 작가들은 기꺼이 바다 앞에 서지 않을까? '모든 이의 마음에 닿지 않아도 괜찮다. 단 한 사람이라도 내 작품을 알아주기를.'

그러나 한편으로는 어쩔 수 없이 막막할 것이다. 해변에 밀려온 유리병에 어느 누가 눈길을 줄 것인가? 도대체 언제쯤? 이 갈피 잡을 수 없는 감정을 감수해야 하는 것이 바로 창작자의 숙명 같다. 세잔보다도 더 쇠잔한 시간을 보냈던 화가 빈센트 반 고흐는 어머니에게 이런 편지를 썼다.

가끔 들려오는 꿈 같은 그림 값! 살아 있을 때 전혀 평가받지 못하다가, 사후에 갑자기 천문학적인

가격에 거래되는 화가들이 있지요. 그림이 투기 상품이 되어 오고 가는 틈에 살아 있는 화가들은 아무 혜택도 못 받고 고통만 받을 뿐이에요. 하지만 언젠가 이런 '튤립 열풍' 같은 현상은 사라질 겁니다. 그럼에도 튤립을 재배하는 농부들은 남겠지요. 전 그림도 마찬가지라고 생각해요.*

'튤립 열풍'은 17세기 네덜란드에서 벌어진 세계 최초의 투기 광풍이다. 처음엔 희귀하고 독특한 색깔의 튤립이 귀족들 사이에서 인기를 끌며 하나의 '수집 품목'처럼 여겨졌다. 그런데 점차 투기 세력이 몰려들면서 튤립은 단순한 꽃이 아니라 투자 대상으로 변모했다. "하나 사두면 몇 배로 오른다"는 말이 퍼졌고, 실제로 어떤 튤립 구근 하나는 당시 집 한 채 값에 거래되기도 했다. 사람들은 빚을 내서라도 튤립을 사들였고, 심지어 아직 피지도 않은 튤립을 '선물거래' 형태로 사고파는 일까지 벌어졌다. 하지만 결국 거품은 꺼졌다. 모두가 값이 오

---

* 어머니에게 보낸 편지(1889년 10월 21일 프랑스 생 레미에서) To Anna van Gogh-Carbentus. Saint-Rémy-de-Provence, on or about Monday, 21 October 1889. https://vangoghletters.org/vg/letters/let811/letter.html

르기만을 기대하던 어느 날, 누군가 "사지 않겠다"고 말하는 순간부터 연쇄적으로 가격이 폭락했고, 사람들은 손에 꽃뿌리를 들고 망연자실할 수밖에 없었다.

반 고흐는 바로 그 '튤립 열풍'을 거론하며, 자신은 그런 유행이나 투기의 파도와는 무관한 길을 가겠노라 다짐한다. 그에겐 그림이 투자의 수단이 아니라 삶의 본질을 탐색하는 도구였기 때문이다. 마치 튤립의 겉모양에 현혹되지 않고, 땅을 일구고 물을 주며 꽃이 피기까지의 시간을 견뎌내는 농부처럼 기다리고 또 기다리면서.

세잔 또한 다르지 않았다. 가족이나 살롱 심사위원 누구의 격려도 없이 자신만의 걸음을 멈추지 않았다. 어머니가 돌아가신 날에도, 1870년 프랑스-프로이센 전쟁의 징병을 피해 도망 다니는 와중에도, 마르세유 근처 해안 마을에 숨어 그림을 그렸다. 작품 하나를 그릴 때도 '아, 이제 완성이다'는 느낌이 들 때까지 끊임없이 기다렸고, 작품의 진가가 세상에 전해지기를 기약 없이 기다렸다. 그리하여 마침내 그는 자신만의 '튤립'을 피워낼 수 있었다.

기나긴 기다림 끝에, 바다에서 건져 올린 유리병 편지들을 모아놓은 장소가 바로 미술관일 것이다. 그러니까 미술관이란 화가들이 보내온 수많은 편지를 모아놓은 곳이고, 그 편지들이 쌓은 시간의 무게가 곳곳에 배어 있는 곳이다. 미술관 복도를 걷다 보면 때로는 켜켜이 쌓인 '시간의 지층'을 가로지르는 듯한 기분이 드는 것도 그래서이다. 그런 생각이 들면 화가들이 감내했을 시간의 무게에 압도당하는 듯하다. 미술관이 깊고도 무거운 장소인 이유다.

오르세 미술관에서 찍어둔 세잔의 〈사과와 오렌지〉 사진을 다시 꺼내 보며, 나 또한 '기다림의 자세'를 돌아본다. 밤하늘의 별을 관측해본 적 있는가? 고개를 들어 올려다보면 가장 먼저 눈에 들어오는 밝은 별이 있다. 그런데 사실 그것은 가짜 별이다. 별처럼 보이는 인공위성일 확률이 높다. 그렇다면 진짜 별은 어떻게 해야 볼 수 있을까? 시간을 들여야 한다. 오랜 시간 기다려서 우리 눈이 어둠에 적응하기 시작하면 그제야 미약한 밝기의 별도 우리 시야에 들어오는 데 성공하기 때문이다.

미술관은 내게 기다림의 미학을 알려주는 공간이다. 세잔처럼 나도 서두르지 않고 나만의 속도로 꾸준히 나아갈 수 있을까. 그 과정에서 '진짜 별'

을 알아보는 사람이 될 수 있을까. 그리하여 마침내 나만의 '유리병 편지'를 쓸 수 있을까.

불편한 예술

런던의 켄싱턴 가든 한쪽에는 '서펜타인 갤러리'라는 현대미술관이 있다. 어학연수 하던 시절, 발길 닿는 대로 거닐다가 무심코 그곳에 들어간 적이 있다. 마침 기다렸다는 듯 영상 작품이 상연되고 있었다. 주인공 트랜스젠더 여성이 몸에 맞지 않는 드레스를 입고 좌충우돌하는 모습이 눈에 들어왔다. 분명 웃음을 유발하려는 연출이 아니었음에도, 나도 모르게 웃음이 비어져 나왔다. 황급히 고개를 돌려 웃음을 감추려 했는데 아뿔싸, 맞은편에 있던 오십 대 백인 남성과 눈이 마주치고 말았다. 그의 얼굴에도 웃음기가 배어 있었다. 1~2초였을까. 그 순간 우리는 마치 공모자 같았고, 서로 무언가를 들키고 만 느낌이었다.

　서둘러 표정을 다잡고 갤러리에서 도망치듯 나왔다. 그리고 서펜타인 호수 주변을 거닐며 내 웃음의 의미를 곱씹었다. 나의 웃음은 단순한 행동이 아니라 영상 속 트랜스젠더 여성을 '비웃은' 것이었다. 왜? 나는 한눈에 '남성'으로 보이는 사람이 나처럼 화장하고 치마를 입고 다니는 모습이 낯설었던 것이다. '아, 나는 불편했구나!'

　미술 강연을 할 때면 한 번씩 이런 질문을 받

는다. 나에게 불쾌감을 주는 작품을 어떻게 봐야 할지 모르겠다고. 이런 것도 예술이냐고. 그럴 때마다 나는 "불편한 감정을 무시하지 말고, 일단 그대로 받아들이세요. 필요하다면 작품으로부터 거리를 두는 것도 괜찮습니다"라고 답하곤 한다. 사실 그건 이어서 덧붙일 말을 위한 포석이다. "중요한 것은 그다음입니다. '너는 정말 불편해!'라며 지적하던 손가락을 나 자신에게 돌려 '그런데 나는 이게 왜 불편할까?'라고 자문해보는 거죠."

그렇다. 왜 우리는 어떤 작품을 보며 불편해할까? 미술관에 보기 편하고 아름답기만 한 작품만 전시된다면 그 또한 어딘가 이상하다. 그건 작품들이 내게 유의미한 자극을 주지 못하고 있다는 방증이기 때문이다. 예술이라는 것은 필연적으로 우리에게 어떤 자극을 주고 때론 통념을 깨기도 해야 한다. 모든 작품이 무난하기만 하다면 '예술'로서의 존재 의미가 빛바래지 않겠는가. 그런 작품들은 예술의 위기를 넘어, 대중을 속이는 것과 다를 바 없을지도 모른다. 예술가의 영감이란 하늘에서 뚝 떨어지는 것이 아니기에.

예술가 또한 우리와 같은 시대와 공간을 공유하며 살아간다. 그렇기에 우리가 발 딛고 사는 사회를 기반으로 작품을 만들어낸다. 그런데 지금 이 시대는 어떤가. 불편한 문제투성이다. 신문만 넘겨 봐도 알 수 있다. 사회면을 펼치면 돈에 눈이 멀어 가까운 이를 해한 기사가 나오고, 국제면에는 전쟁으로 피를 흘리고 기아에 시달리는 어린이의 사진이 크게 박혀 있다. 정치면에는… 음, 따로 설명하고 싶지도 않다. 지금 이 순간에도 누군가는 화풀이 삼아 길 가던 고양이를 발로 차고 있을 테고, 어느 연예인은 악플에 상처받고 있을 것이다. 이런 현실 속에서 예술가들이 오직 아름답고 보기 좋은 작품들만 만들어내고 미술관들이 그런 작품만 전시한다면, 예술계가 한쪽 눈을 일부러 감고 있다는 것을 고백하는 셈이다.

미술사학자 김석모는 다음과 같이 이야기했다.

작품에 녹아 있는 사회적 맥락을 간과하면, 미술은 캔버스 위에 칠해진 색과 선이 만들어내는 값싼 망막의 유희에 불과하다.*

---

* 김석모, 「현대+미술_'저항정신'이라는 현대미술의 본질」, 『월간 대구문화』, 2016년 3월(364호).

두 눈을 똑바로 뜬 예술계라면 불편한 작품을 배출할 수밖에 없다. 김석모의 말에 기대자면, 작품에 사회적 맥락이 투영되어 있지 않으면 예술이 아니라 보기 좋은 장식품에 가깝기 때문이다. 그렇기에 예술은 우리 시대와 사회, 수많은 인간의 삶에 숨겨져 있던 어떤 문제를 있는 그대로 꺼내놓는다. 어떤 때는 낱낱이 해부해서 세상에 내놓기도 한다. 상처받은 사람들, 피와 고름이 흐르는 우리 사회의 민낯이 예술이라는 이름으로 우리 눈앞에 당도할 때, 우리는 당연히 불편할 수밖에 없다. 징그럽고 혼란스러워 토할 것 같기도 하다. 세상과 인간을 치열하게 탐구하는 예술작품과 마주하는 행위는, 그런 장면과 현실 앞에 스스로를 내던지는 일이다.

드가 역시 파리 발레리나의 현실을 캔버스에 적나라하게 담아 비난받았다. 많은 화가가 발레리나를 우아하고 이상적인 이미지로 그릴 때, 드가는 무대 뒤에서 곤란한 시선을 견뎌야 했던 '어린 무용수'들의 현실을 포착했다. 19세기 파리의 부유한 남성들은 거액의 후원금 명목으로 극장에 드나들며 가난한 집안 출신 발레리나를 '성적 대상'으로 삼았다. 그들은 어린 무용수의 몸을 이리저리 각을 재며 탐색한 뒤 "후원을 해주겠다"며 은밀한 제안을 하곤 했다. 실제로 드가의 작품 속 모델이 되었던 무용수 마리 반 고햄도 그런 운명에서 벗어나지 못한 소녀였다. 가난한 벨기에 이민자의 딸로 태어난 마리는 생계를 위해 두 언니와 함께 무용수가 되었다. 재단사였던 아버지가 일찍 세상을 떠나자 가뜩이나 어려운 살림은 더욱 쪼그라들었고, 마리는 결국 화가의 모델부터 성판매에 이르기까지 어떤 일이든 닥치는 대로 해야 했다. 드가는 이 거칠고도 잔인한 현실을 가감 없이 캔버스에 담았다.

그렇다면 현실을 진실되게 담았으니, 그의 작품은 찬사를 받았을까? 아니다. "예술이 이보다 바닥으로 떨어질 수 있는가"라는 비난이 빗발쳤다. '아름답지 않다'는 것이 표면적 이유였으나, 아마도 자신의 마음을 불편하게 했다는 이유였을 것이다. 당시 시대 분위기를 살펴보면 도저히 편할 수가 없었을 그들의 상황이 이해된다. 19세기 유럽은 성적 엄숙주의가 만연한 시대였다. 피아노 다리조차 음탕해 보인다며 피아노에 기어코 주름 장식이 달린 '바지'를 입혀놓는 시대였으니 오죽했으랴. 그러나 햇빛이 강할수록 그림자는 더욱 짙어지는 법. 개인과 가문의 명예를 지키기 위해서 그렇게나 도덕과 체면을 강조한 시대였건만, 그 이면에는 성적 위선과 모순이 팽배했다. 아이러니하게도 성매매율은 이 시기에 폭발적으로 증가했고 혼외자 또한 넘쳐났다. 그러니 드가의 그림이 자신들의 치부를 드러낸다는 생각이 들지 않았을까?

헤르만 헤세는 소설 『데미안』에서 다음과 같이 적었다.

만일 당신이 누군가를 미워한다면 그 사람 안에서 당신 자신의 일부분을 발견했기 때문이다. 우리 자신의 일부가 아닌 것은 아무것도 우리를 괴롭힐 수 없다.

우리는 전혀 모르는 것에 대해서는 그저 호기심이 생길 뿐, 불쾌감까지 느끼지는 않는다. 다시 말해 어떤 작품이 불편하고 부정적인 감정을 불러일으킨다면, 바로 그 작품이 내 내면의 어떤 지점을 건드리고 있다는 얘기다. 그렇기에 불편한 예술은 나 자신을 더 깊이 들여다볼 수 있는 성찰의 기회를 준다. 체코 소설가 프란츠 카프카는 "책은 얼어붙은 의식의 바다를 깨는 도끼"라고 말했다. 나는 카프카의 말에서 책 대신 예술이라는 단어를 슬쩍 넣어본다. 서펜타인 갤러리에서 마주한 트랜스젠더 영상 작품이야말로 도끼가 되어 내 의식의 얼음 표면을 거침없이 깨뜨렸다. 그러고는 내게 물었다. 너는 내가 왜 그렇게 불편한 건데?

서펜타인 호숫가 벤치에 앉아 물결을 하염없이 바라보았다. 너울은 어지럽게 호수 표면을 수놓고 있었다. 내 마음도 그만큼 혼란스러웠다. 우리 내면 깊은 곳에 무엇이 똬리를 틀고 있는지 우리 자신은 모른다. 나 역시 작품을 접하고서야 검은 물속 깊은 밑바닥에 뿌리를 내린 채 수상하게 나풀거리고 있는 내 마음을 들여다볼 수 있었다. 바로 그때, 갤러리에서 나와 눈이 마주쳤던 오십대 남성이 불현듯 떠올랐다. 그는 내가 까만 머리의 아시아 여자라는 사실을 눈치채자마자 아무 일도 없었다는 듯 굳은 표정으로 시선을 피했다. 그의 얼굴에서 나는 영국에 있을 때 숱하게 마주쳤던 '백인의 표정'을 발견했다. 내가 기를 쓰고 영국식 악센트를 따라 하려 할 때마다 웃었던 그들. 설명하기가 꽤 까다로운데, '기특하다'는 아닌 것 같고, '아시아인이면 그냥 아시아식 영어를 써. 뭘 그렇게까지…', 또는 '정도껏 따라 해야지, 우리랑 너무 똑같아지려고 들면 곤

란해'라는 태도랄까. 외부자가 내부로 들어오려고 애쓸 때 기득권자들이 보이는 몸짓 같은.

트랜스젠더 여성을 바라보는 내 시선도 결국 그 백인 남성과 다르지 않았다. 나는 사회적으로 여성으로 정의되고, 스스로도 성 정체성을 여성으로 규정한 '시스젠더 여성'이다. 그랬기에 나는 그녀를 '분투하는 이방인'으로 바라보며 '애쓴다'라고 비웃었던 게 아닐까.

나는 늘 이방인이 되는 쪽이었지, 누군가를 이방인으로 바라보는 위치에 서본 적은 없다고 믿었다. 한국 여성으로, 비서구권의 구성원으로, 소수언어 사용자로, 주류의 시선 바깥에서 세상을 관찰해왔다고 여겼다. 그런데 정작 트랜스젠더 여성 앞에서 그동안 내가 불편해하던 시선들과 닮은 시선을 보내고 있었던 것이다. 내가 품고 있던 편견이 얼마나 깊고 오래된 것이었는지를, 예술작품이 아니었다면 나는 끝내 마주하지 못했을 것이다.

불편하고도 진실한 예술은 그런 것이다. 비겁한 나를 향해 득달같이 달려와 마음 깊숙한 곳에 자리 잡은 편견의 머리채를 잡고 뿌리까지 사정없이 뜯어내는, 바로 그런 존재. 미술관은 그래서 때때로 성찰의 장소가 된다. 예술작품을 보러 들어갔지만,

끝내 나 자신과 맞닥뜨리고 나오는 곳.

공간의 힘, 로스코

일본 나오시마 섬에는 '지추 미술관'이라는 곳이 있다. 일본의 건축 거장 안도 다다오가 설계한 이 미술관은 단 세 사람, 프랑스 인상주의 화가 클로드 모네, 미국의 설치미술가 월터 드 마리아(Walter De Maria)와 제임스 터렐(James Turrell)의 작품만을 전시한다.

모네의 '수련 연작'을 보기 위해 지하 2층에 내려선 나와 남편은 입구에서 신발 위에 부직포로 만든 덧신을 신으라는 안내를 받았다. 발소리를 최소화해 작품을 더욱 고요히 감상하도록 배려한 조치였다. 덧신 탓에 약간은 엉거주춤한 자세로 긴장한 채 전시장에 들어서자 엄청난 공간이 눈앞에 펼쳐졌다. 거대하고 아득한 공간 속에 모네의 그림 다섯 점이 띄엄띄엄 걸려 있었다. 아니, 처음에는 이 그림들이 무중력의 허공에 둥둥 떠 있는 듯 보였다. 사방 벽뿐 아니라 바닥과 천장까지 온통 흰색이어서 그랬을까. 혹은 너무 밝지도 어둡지도 않은 조명 때문이었을까. 벽과 바닥의 경계마저 흐릿해 보여 어찌할 바를 모르고 서 있는데, 서서히 보랏빛과 초록의 물결이 눈 속으로 스며들기 시작했다. 물풀과 버드나무 잎이 미세하게 떨리고 있었다. 아무 소리도 들리지 않았지만, 순간 바람이 지나간 듯한 기분마저 들었다.

　잔뜩 상기된 표정으로 모네의 전시실을 빠져나와 남편에게 말했다.

　"이게 바로 명작의 힘인가 봐. 전혀 그런 그림이 아닌데도 마치 종교화처럼 경건하고 성스럽게 느껴지잖아?"

　하지만 이 '경건하고 성스러운 느낌'은 남편의 대답과 함께 산산이 깨지고 말았다.

　"아니, 모네 그림 대신 애니메이션 〈최애의 아이〉 포스터를 걸어놨다고 상상해봐. 그래도 똑같이 막 경배하고 싶어질걸?"

　그의 대답은 '공간의 힘'을 가리키고 있었다. 사실 이는 이미 독일 작가 요한 볼프강 폰 괴테도 지적한 바다. 괴테는 자서전 『시와 진실』에서 1768년 드레스덴 미술관을 처음 방문했을 때의 경험을 이렇게 회고한다.

　조바심치며 기다린 개관 시간이 되어, 내 모든 기대를 뛰어넘는 감탄이 시작되었다. 훌륭하고 관리가 잘된 전시장, 새로 금박 입힌 액자들, 밀랍을 칠한 쪽모이 세공바닥, 그곳을 지배하는 깊은 고요함이 장엄하면서도 독특한 인상을 자아냈다. 교회

에 들어갈 때 느끼는 감정과 매우 유사했다. 그리고 전시된 장식품을 보는 순간 그 감정은 더욱 깊어졌다. 이 장소는 예술의 신성한 목적을 위해 바쳐진 신전 같았고, 그 안의 작품들은 경배의 오브제들처럼 느껴졌다.

다시 말해 예술품을 둘러싼 초월적 분위기, 작품이 지닌 아우라의 상당 부분은 '미술관'이라는 특별한 공간이 뿜어내는 힘에 크게 의존한다는 뜻이다.

∗

미국 색면추상의 거장 마크 로스코(Mark Rothko)가 자기 작품이 전시될 공간에 유독 예민했던 것도 같은 이유에서였다.

1964년, 로스코는 미국 텍사스주 휴스턴에 예배당을 짓고자 했던 드 메닐 부부를 만났다. 가톨릭 신자였던 이늘은 이 휴스딘 예비당에 로스코의 그림을 걸고 싶어했다. 로스코 그림 특유의 압도적인 크기, 밀도 높은 색채, 겹겹의 물감 너머로 스며 나오는 듯한 빛이 '종교적 체험'을 돕는 데 제격이라고 생각했기 때문이다.

곧바로 로스코는 뉴욕 맨해튼 이스트 69번가에 둥지를 틀었다. 그리고 천장까지 무려 15미터 높이의 낡은 마차 차고를 작업실로 택했다. 일반 화가들이 선호하는 밝고 단정한 스튜디오와는 거리가 먼, 어두컴컴하고 삭막한 공간이었다. 하지만 로스코에게는 바로 그런 장소가 필요했다. 외부의 빛이 거의 들지 않는 이 차고 안에서 그는 예배당의 실물 크기 모형을 만들었고, 천장 채광창 아래에 낙하산 같은 물체까지 달아놓고 도드래로 움직이며 실험을 거듭했다. 작품을 배치할 위치와 빛의 조도를 정밀하게 조절하기 위해서였다. 캔버스 위에 색을 얹는 작업만큼이나 그림이 '걸릴 자리'를 만들어가는 과정 또한 그에게는 중요한 창작의 일부였던 것이다.

한 발 더 나아가 로스코는 자신의 그림에 맞춰 예배당을 설계해야 한다는 주장까지 펼쳤다. 결국 초대 설계자로 지명됐던 필립 존슨이 사임했다. 로스코가 "필립 존슨의 설계안이 지나치게 웅장하고 위압적이어서 그림이 묻힐 것"이라며 강경하게 반대한 것이다. 일반적으로 건축과 미술의 작업 관계는 '먼저 공간이 있고, 여기에 작품이 맞춰 들어가는 방식'으로 이뤄진다. 그러나 로스코는 이 관례를 깨부순 것이다.

후임 건축가로 채용된 하워드 반스톤과 유진 오브리는 철저히 로스코의 '감독'대로 설계도를 수정해야 했다. 그들은 예배당 모형을 챙겨 로스코의 마차 차고 작업실을 여러 차례 방문했고, 로스코는 설계도 세부사항 하나하나를 직접 승인했다. 작품의 아우라를 지키기 위한 그의 '투쟁'은 그렇게 성공을 거두었다.

그런데 조금 이상하지 않은가. 건물을 어떻게 설계할지 고민하고 결정하는 것은 어디까지나 건축가의 몫이다. 로스코는 건축가도 아닌데 왜 이토록 공간디자인에 깊이 개입했던 걸까. 사실 로스코가 공간에 집착했던 이유는 5년 전의 뼈아픈 경험 때문이었다.

1958년, 주류 회사 시그램컴퍼니는 뉴욕에 새 빌딩을 지으면서 로스코에게 1층 포시즌 레스토랑 벽에 걸 작품을 의뢰했다. 파격적인 조건이었다. 총 3만 5000달러의 보수 중 7000달러를 계약금으로 선지급하고, 나머지는 4년에 걸쳐 분할 지급하기로 한 것이다. 미술비평가 캐서린 쿠는 로스코가 '시그램 벽화'를 승낙한 이유를 다음과 같이 추측했다.

그 프로젝트를 처음 맞이했을 때, 로스코는 목가

적인 분위기와 예술적 환상에 푹 젖은 사람들이 자신의 그림들과 깊이 교감하기를 바랐던 것 같다. 시끌벅적하고 잘난 척하는 군중 속에서 작품이 허무하게 소모될 수 있을 거라고는 상상도 못했을 것이다.*

로스코는 분노에 사로잡혔다. 자신의 작품이 걸리기 전, 먼저 개장한 포시즌 레스토랑을 찾았다가 충격을 받은 것이다. 커다란 작품이 걸릴 벽은 사람들의 눈높이보다 꽤 위에 있었지만, 손님들은 고개를 들 생각이 전혀 없어 보였다. 사람들은 수다를 떨고 요란한 음식을 맛보느라 그림 따위는 안중에도 없을 것이 뻔했다. 자신의 작품이 '배경 장식'으로 전락하는 것을 견딜 수 없었던 로스코는 결국 계약을 파기하고 말았다.

로스코는 이미 알고 있었던 것이다. 전시공간은 작품을 걸어두는 물리적 장소 그 이상이라는 것을. 예술과의 '의미 있는 만남'이 피어나는 터전이며, 관람객이 영감과 자극을 받을 수 있는 매개여야

---

* 캐서린 쿠, 『전설의 큐레이터, 예술가를 말하다』, 김영준 옮김, 아트북스, 2009.

한다는 사실을. 실로 미술관은 단순한 콘크리트 덩어리가 아니라, 예술작품의 정신을 잘 담아내기 위해 아주 정교하게 빚어낸 '그릇'에 가깝다. 안도 다다오와 괴테 그리고 로스코는 바로 이 '공간의 힘'을 감지해낸 이들이었다.

뒷모습

파리 루브르 박물관에 처음 갔던 날이 기억난다. 입장 티켓과 함께 받은 안내 리플릿을 보고 조금 의아했다. 거기엔 관람객이 박물관 입구에서 레오나르도 다빈치(Leonardo da Vinci)의 〈모나리자〉로 직행할 수 있도록 약도가 실려 있었다. 불과 5초 전만 해도 아무 생각이 없었는데, 그 약도를 보는 순간 '지름길로 가서 〈모나리자〉부터 빨리 만나야 한다!'는 조바심에 사로잡혔다. 얼떨결에 루브르 곳곳에 포진한 쟁쟁한 명작들을 건너뛰고 곧장 〈모나리자〉로 달려간 나는, 그만 입을 떡 벌릴 수밖에 없었다.

그곳엔 〈모나리자〉가 없었다. 내 눈앞엔 오로지 사람으로 만들어진 거대한 장벽만이 있었다. 그야말로 인산인해였다. 나처럼 다른 이들도 모두 '머스트시(Must-see)'(꼭 봐야 할 것) 마크에 홀려 이곳부터 온 모양이었다. 〈모나리자〉 앞에 진을 친 사람들 때문에 나는 결국 〈모나리자〉를 '보지 못했다'. 카메라를 머리 위로 들어 대충 사진을 찍은 뒤, 카메라 모니터를 통해 인파 너머의 〈모나리자〉를 '확인'만 했다. 그날 〈모나리자〉 앞에서 내가 본 것은 크고 작은, 갖가지 색깔의 뒤통수뿐이었다.

그날 이후, 〈모나리자〉라는 말만 들어도 너울

거리던 뒤통수의 물결이 떠올라 멀미가 날 것 같았다. 그러던 2019년 어느 날 나는 우연히—아니, 어쩌면 운명처럼—김홍식의 '플라뇌르(Flâneur, 산책자)' 연작을 만나게 되었다. 곳곳을 예술작품들로 가득 채워 유명해진 인천의 한 호텔에서였다.

김홍식의 '플라뇌르' 연작은 미술관 안에서 산책하듯 거니는 관람객들을 사진 촬영한 후, 실크스크린 기법으로 다시 만들어낸 예술작품이다. 이 시리즈 속 관람객들은 작품 앞에서 당당한 주인공이 된다. 어떤 장면에서는 이들의 뒷모습이 예술품의 일부를 가리고 있고, 또 다른 장면에서는 카메라와 휴대전화를 들이대며 거침없이 인증샷을 찍는 모습이 작품과 함께 그대로 새겨진다. 이렇게 관람객의 모습을 여과 없이 기록하는 김홍식이라면 〈모나리자〉 앞의 난장판도 놓치지 않았을 거라고 예상했는데, '역시나'였다. 그가 포착한 〈모나리자〉 주변은 여전했다. 심지어 아이를 무등 태운 아빠의 뒷모습까지 포착되어 있었다. 내가 갔을 때는 저 정도는 아니었는데 싶어 고개를 절레절레 흔들던 차에, 작가 노트에서 이런 문장을 발견했다. "저는 스펙터클한 미술관을 보러 갔는데, 정작 보게 된 것은 스펙터클한 군중이었습니다." 나는 깊이 공감할 수밖에 없었다.

그런데 신기했던 것은, 김홍식이 그려낸 군중의 모습이 '아수라장'이라기보다 희한하게도 하나의 '풍경'처럼 보였다는 점이다. 사실 우리는 미술관에서 작품보다 더 많은 관람객의 뒷모습을 마주친다. 언제나 그래왔으면서도 우리는 그것을 특별히 의식해본 적이 거의 없다. 그저 '시각적 소음'으로 여기고, 정보값이 없는 배경으로 치부해 잊었기 때문이다. 하지만 따지고 보면, 미술관에서 다른 사람들의 뒷모습을 보는 일은 거의 디폴트에 가깝다. 미술관이라는 공간에서 사람들이 작품을 감상하는 모습 자체가 또 다른 '풍경(혹은 작품)'이 되는 것이다. 김홍식의 '플라뇌르' 연작은 바로 이 역설적인 상황을 가감 없이 펼쳐낸 작업이라 할 수 있다.

그리고 보면 미술관과 뮤지엄 같은 공간은 참 묘하다. 이곳에 들어서면 관람객은 공간이 주는 '힘'에 의해 스스로 작품이 되는 새로운 경험을 하게 된다. 사람뿐이랴. 이 공간에 들어온 사물들도 마찬가지다. 예컨대 미술관 구석에 놓인 의자는 사실 전시 지킴이의 휴식용 의자일 뿐이다. 하지만 왠지 작품 같아서 멀찌감치 서서 봤던 적이

한 번쯤은 있지 않은가? 이러한 경험은 뮤즈 신화에서 비롯된 '뮤지엄의 기원'을 떠올리게 한다. 뮤지엄(Museum)이라는 단어는 그리스 신화의 뮤즈(Muse)에서 유래했다. 예술·학문·과학의 신들이었던 뮤즈는 '창작의 영감이나 학문적 영감을 주는 존재'로 여겨져왔다. 이 개념이 확장되어 '뮤즈를 모시는 장소, 예술과 학문의 영감이 깃든 장소'를 의미하는 고대 그리스어 '무세이온(Mouseion, Μουσεῖον)'이 생겼고, 이것이 오늘날 '뮤지엄'의 어원이 되었다. '뮤즈(창작의 여신들)의 영감이 머무는 공간'이라는 원초적 의미가 박물관·미술관에도 깃들어 있다는 점에서, 어쩌면 관람객인 우리 역시 서로를 바라보며 또 다른 '전시'를 만들어내고 있는지도 모를 일이다.

그런 의미에서 우리는 미술관에서 마주치는 서로의 뒷모습에 좀 더 관대할 일이다. 고백하자면, 예전의 나는 보고 싶은 그림 앞에 망부석처럼 서 있는 관람객의 뒷모습에 종종 짜증을 내곤 했다. 줄 서서 그림을 보고 있는데 '교통체증'을 일으킨다며 속으로 '이기적인 빌런' 취급을 한 적도 있다. 만일 내가 19세기에 태어났더라면, 빈센트 반 고흐에게 무지막지하게 핀잔을 줬을지도 모르겠다. 왜냐하면 그는 수시로 다른 관객들의 시야를 가리던 사람이었기 때문이다. 1884년 반 고흐와 함께 암스테르담 국립미술관을 방문했던 친구 안톤 케르세마커스의 기록에 따르면, 케르세마커스가 다른 작품들을 모두 돌아보고 온 동안에도 반 고흐는 렘브란트(Rembrandt van Rijn)의 〈유대인 신부〉 앞에 그대로 멈춰 있었다고 한다. "좀 다른 곳으로 움직이는 게 좋지 않을까"라는 제안에 반 고흐가 했다는 말이 걸작이다.

난 정말 이 그림 앞에서 말라빠진 빵조각이나 먹으며 2주쯤 앉아 있을 수만 있다면, 내 수명 10년은 단축해도 좋을 것 같아.*

2주라니! 나를 포함해 여러 사람 뒷목 잡을 만한 말 아니겠는가.

그렇지만 지금의 나는 안다. 내 앞에 서서, 내가 보러 온 작품을 가리는 이들은 나와 취향이 같은

---

* 안톤 케르세마커스, '드 그로엔(De Groene)에게 보내는 편지'. 1912년 4월 14일 네덜란드 아인트호벤에서 작성. https://www.webexhibits.org/vangogh/letter/15/etc-435c.htm

사람이라는 걸. 이제는 '우리는 좋아하는 작품이 겹치는구나' 짐작하며 그 사람의 뒷모습을 물끄러미 바라보곤 한다. 그런 의미에서 미술관은 서로를 배려할 수 있는 공간, 너그러움을 배울 수 있는 장소가 아닐까. 미술관 관람이란 '뷔페에서 줄서기'가 아니니까. 이렇게 우리는 잠시나마 미술관에서 작은 '취향의 공동체'를 이룬다.

*

그 뒤로도 나는 김홍식의 '플라뇌르' 연작과 몇 차례 더 우연히—아니, 어쩌면 운명처럼—마주쳤다. 2020년에는 서소문 성지역사박물관에서, 2021년에는 서울 강남의 한 호텔에서. 그때마다 '플라뇌르' 연작을 감상하는 남편(나의 미술관 데이트메이트) 뒤에 살짝 서봤다. 그렇게 마주한 풍경은, 뭐랄까, '시간의 레이어'를 목격한 기분이었다. 〈모나리자〉를 바라보는 미술관 속 관람객들, 그 뒷모습을 카메라로 찍어 작품으로 재탄생시킨 김홍식, 그리고 김홍식의 시선을 따라 만들어진 '플라뇌르'를 바라보는 남편, 마지막으로 그런 남편의 뒷모습을 바라보는 나. 어쩌면 또 다른 누군가는 내 뒤에

서서 나의 뒷모습을 지켜보고 있을지도 모른다. 이렇게 무한히 이어지고 중첩되는 시선의 미로 속에서 마침내 우리는 서로의 뒷모습이 된다. 결국 미술관이란 감상자와 작품의 경계를 허무는 독특한 무대이기도 한 셈이다.

스탕달 신드롬

심호흡을 하고 전시실에 들어선다. 황제를 신으로 모시길 거부했다는 이유로 죽음을 맞이한 순교자의 모습, 나이 들어 초라해진 자신의 얼굴을 담담히 그려낸 노화가의 자화상을 차례로 지나친다. 그림의 내용과 구성 파악 완료. 감동도 충분히 받았다.

자, 그러니 이제 내게 눈물을 달라! 그런데 이를 어쩌나. 아무리 오래 뚫어져라 바라봐도 반응이 오는 곳은 내 눈이 아니라 발이다. 아이고 다리야. 어디 앉을 데 없나?

프랑스 소설가 마르셀 프루스트의 자전적 소설 『잃어버린 시간을 찾아서』에는 그림에 압도된 나머지 결국 목숨까지 잃는 평론가가 등장한다. 미술관에 들어선 베르고트라는 평론가는 수많은 그림을 건너뛴 채, 자신이 보고 싶은 그림 앞에 선다. 그의 눈앞에 있는 작품은 바로 네덜란드 화가 요하네스 페르메이르(Johannes Vermeer)의 1661년 작 〈델프트 풍경〉. 구름 낀 광활한 하늘 아래, 델프트시 운하 주변에서 산책하는 사람들과 햇빛에 반짝이는 건물들이 평화롭게 그려진 작품이다. 베르고트는 그림 오른쪽 구석에 있는 집의 노란 벽에 시선을 고정한 채 현기증을 느끼고, 둥근 벤치에 주저앉는다. "작은 노란 벽면, 작은 노란 벽면"이라고 중얼거리던 그는 끝내 땅바닥에 쓰러진다. 주변 관람객과 경비원 들이 달려왔을 때, 그의 숨은 이미 멎은 뒤였다.

이 장면은 프루스트가 실제로 경험한 순간을 바탕으로 재구성한 것이다. 1921년 파리 죄드폼 국립 미술관에서 대규모 네덜란드 미술전이 열렸다. 〈델프트 풍경〉이 파리에 왔다는 소식을 들은 프루스트는 밤을 꼬박 새운 뒤 오전 9시 15분, 비틀거리며 작품 앞에 섰다고 한다. 비록 베르고트처럼 쓰러지지는 않았지만, 그 역시 그림 앞에서 비슷한 몰입과 도취를 경험했다. 그러고는 그 극적인 감정을 베르고트의 죽음 장면으로 옮긴 것이다.

사실 이처럼 '소설적인 경험'을 하는 사람들이 의외로 적지 않다. 걸출한 예술작품을 보고 환각 상태에 빠지거나, 갑작스럽게 눈물·호흡곤란·현기증 같은 이상 증세를 보이는 현상 말이다. 1979년 이탈리아의 정신의학자 그라치엘라 마게리니는 이러한 경험을 한 여행객 100여 명을 조사해 이 현상에 '스탕달 신드롬(Stendhal syndrome)'이라는 이름을 붙였다. 이 명칭은 프랑스 소설가 스탕달이 1817년 피렌체의 '산타 크로체 성당'에서 예술작품을 감상하다 기절 직전까지 갔던 일화에서 유래했다.

자, 그렇다면 미술관을 좋아하는 나는 스탕달 신드롬을 겪은 적이 있을까? (민망하지만) 없.다.

조금 의아했다. 예술작품이 내게 감동을 주는 건 맞다. 그런데 눈물까지 흘릴 정도인가? 심지어 천장이 빙빙 돌 정도로 격렬하게 공감한다니. 그런 감정을 느끼는 사람은 대체 누구이며, 나는 왜 그런 예민한 감각을 갖지 못했을까? 혹시 나는 예술을 피상적으로만 즐기는 '목석'같은 인간은 아닐까?

묘한 열등감이 스멀스멀 피어올랐다. 어쩌면 그걸 감추기 위해 냉소를 더했는지도 모른다. '프루스트가 받은 충격은 수면 부족 탓이야.' '미술관이라는 트인 공간에서 닭똥 같은 눈물이라니, 손발이 오그라드네.' SNS에서 "눈물을 쏟았다"는 관람 후기를 볼 때면 일부러 위악적으로 굴었다. "눈물은 교양의 리트머스 시험지가 아니다." "혹시 '내가 이 구역에서 제일 힙한 놈이야'를 인증하려는 건가?"

그러던 어느 날, 나의 이 '냉소적 태도'에도 따로 이름이 있다는 것을 알았다. 바로 '마크 트웨인 질환(Mark Twain malaise)'. 미국 소설가 마크 트웨인은 1869년 이탈리아 예술 기행기를 펴냈다. 평소 사람들의 속물근성과 허영심을 비꼬던 그답게 여행기 역시 신랄하기 그지없다. 예술이 무슨 바이러스도 아니건만, 그는 철저히 거리두기를 실천한다. 먼저 "나는 예술을 전혀 모른다"며 선을 그은 뒤, 레오나르도 다빈치의 〈최후의 만찬〉을 본 소감을 다음과 같이 적었다.

우리처럼 교양 없는 불한당들에게 그것은 도무지 그림이라고 부를 수 없는 물건이다. (함께 간) 브라운은 그 그림이 낡은 바람막이 판처럼 생겼다고 말했다. (…) 1마일이나 되는 화랑을 거닐며 흑색 물감으로 칠해진 오싹한 옛 악몽들을 멍청히 바라보고, 가이드들의 자아도취적 찬사들을 들어보려 애써봐도, 그 어떤 감동도 전혀 찾아오지 않았다.*

마크 트웨인의 글은 내게 일종의 '스탕달 신드롬 예방주사' 같았다. '트웨인 백신'을 맞은 뒤, 나는 다시 페르메이르의 〈델프트 풍경〉을 유심히 살폈다. 두터운 구름장 사이로 언뜻언뜻 맑은 하늘이 비치고, 햇빛은 운하 주변의 건물 벽과 지붕 위에서

---

* 마크 트웨인, 『마크 트웨인 여행기』, 박미선 옮김, 범우사, 2000.

반짝인다. 정박된 배의 그림자가 물가에 고요히 드리우고, 사람들은 모래밭에서 두런두런 대화를 나눈다. 그렇다. 아무리 봐도 사람을 죽음으로 몰아넣을 수는 없는 그림이었다. '역시 스탕달은 괜히 고상한 체하며 오버했던 거지'라며 고개를 끄덕였다. '그 사진'을 보기 전까지는.

*

어릴 적, 지금의 부산 미남역 근처에는 부산백화점이 있었다. 빨간 장미꽃 모양 로고가 인상적인 곳이었다. 고속터미널과 붙어 있어 유동인구도 많았다. 이모집에서 가까워 사촌들과 자주 그 주변에서 놀았다. 여름이면 백화점 한켠에 마련된 '귀신의 집'에 몰려가거나, 로손 편의점에서 슬러시를 먹었다. 무료한 날이면 백화점 앞 육교 위에서 발밑으로 지나가는 버스와 택시 지붕을 내려다보곤 했다. 그러던 어느 날, 사촌 언니들이 백화점 바로 뒤에 새로 생긴 건물을 보여주겠다며 내 눈을 가리고 이끌었다. "깜짝 놀랄 거야!" 잔뜩 부푼 목소리였다.

얼마쯤 걸었을까. 언니가 내 눈에서 손을 떼자 고전 양식으로 장식된 창문과 이오니아식 벽기둥,

고딕 성당처럼 곡선 아치로 꾸민 입구가 보였다. 입구 양옆에는 그리스 신화 속 여신상 두 점이 서 있었던 듯하다. 언니는 자랑스러운 표정으로 말했다.
"멋지지? '엔젤 별장'이야. 이름도 근사하지?"

　돌이켜보면 국적 불명의 키치 건물이지만, 당시에는 눈앞에 별이 내리는 듯 환상적으로 보였다. 하늘하늘한 원피스를 맞춰 입은 어린 소녀 두 명이 자신들보다 어린 단발머리 동생에게 '천사들도 쉬다 갈 듯한' 예쁜 곳을 마치 깜짝 선물처럼 보여주고 싶었던 마음이 전해졌다. 그 순간, 주변의 모든 잡음이 사라지고 왁자지껄하게 놀던 어린 시절 기억의 파편들이 사방에서 와르르 쏟아졌다.

　그 사진. 내 눈앞에는 옛 부산백화점 사진이 있었다. 우연히 구글 검색을 하던 중 오래전 부산의 모습을 기록한 두산백과 자료 사진을 발견한 것이다. 순간 뜬금없이 눈물이 솟았다. 사진 속 그 자리는 지금 40층짜리 고층 아파트가 들어서 있다. 부산백화점도 엔젤 별장도 이제 그 흔적조차 남지 않았다. 현재와 과거 사이에서 아득해진 나는 갈피를 못 잡고 울었다. 누군가 봤다면 '오버의 극치'라며 코웃음을 쳤을지도 모른다.

이스라엘의 심리학자 도릿 노이샤라브는 논문 「예술과 감정」에서 "한 개인의 과거 경험이 특정 작품에 대한 감상을 크게 좌우한다"라고 적었다. 지금껏 살아온 기억들이 작품을 통해 떠오르는 감정에 깊이 관여한다는 것이다. 노이샤라브에 따르면, 우리가 예술을 감상한다는 것은 작품이 일방적으로 보내오는 메시지를 잘 받아내느냐 마느냐가 아니다. 과거의 나와 현재의 작품이 서로 맞닿아 화학작용을 일으킨다는 얘기다. 비록 내 경우는 예술작품이 아닌 기록사진이었지만, 그 순간 나는 스탕달, 베르고트 그리고 프루스트가 말한 '그 감정'을 조금이나마 이해할 수 있었다.

반면 마크 트웨인에게는 연민이 들었다. 그는 '유럽인들의 젠체하는 태도 따위에 휘둘리지 않겠다'는 욕망이 지나치게 컸던 나머지, 스스로의 눈을 가려버린 셈이다. '나는 아무 감동도 느끼지 않을 거야'라고 미리 결심해버렸으니 예술과 진짜 만날 기회 자체가 없었을 테다. 이탈리아 여행 후 그에게 남은 건 여행기 하나, 그리고 그 자신이 쓴 대로 "캥거루가 형이상학에 관해 아는 만큼만 그림에 관해 아는 자"라는 불명예스러운 타이틀뿐이었다.

『잃어버린 시간을 찾아서』에서 베르고트는

〈델프트 풍경〉을 마주하고 이렇게 중얼거린다. "나도 저렇게 글을 썼어야 했어. 내 마지막 책은 너무 건조했어. 여러 번 색을 덧칠해, 저 작은 노란 벽면처럼 섬세한 문장을 만들었어야 했는데…." 베르고트의 시선은 분명 페르메이르의 그림에 고정되어 있었지만, 실제로는 자신의 과거와 마주하고 있었던 것이다. 〈델프트 풍경〉이 담고 있는 건 신화 속 위대한 업적의 순간이 아니다. 그저 강물과 지붕이 햇빛을 받아 눈부시게 빛나는 일상의 풍경일 뿐이다. 아마도 프루스트는 베르고트의 죽음으로 자신의 미학관을 말하고자 했을 것이다. 구체적인 삶과 동떨어진 채 추상적이고 차가운 진리만을 나열하는 것은 가짜라고.

　　나 역시 '지식이라는 갑옷'을 두른 채, 그림을 건조하게 관념적으로만 접한 건 아니었을까. 이제야 깨닫는다. 미술관으로 가는 시간은 작품을 매개로 밀려오는 내 감정들을 기꺼이 받아들이는 '수락의 여정'이라는 것을. 그래서 나는 기다린다. 작품이 내 견고한 세계를 깨뜨려줄 순간을, 그리하여 내 차가운 심장을 덥혀주기를. 온몸의 감각을 활짝 열어둔 채, 나만의 "작은 노란 벽면"을 만날 때까지.

미술관에 가는 여자들은 위험하다

"아직도 이것밖에 못 봤어? 에휴, 난 저쪽 의자에 앉아 있을 테니 다 보면 연락해."

언젠가부터 미술관에서만큼은 '동행인'이라는 말이 무색해졌다. 이왕 미술관을 찾았는데 그림의 표면만 대충 보고 지나가기엔 아쉽지 않은가. 한 작품, 한 작품 정성껏 바라보다 보면 관람 시간은 길어질 수밖에 없다. 그러다 무심코 주변을 둘러보면, 미술관 구석 벤치에서 오만상을 한 채 널브러진 동행인(대개 남편과 아이들)과 마주하게 된다. 나는 그제야 깨닫는다. 내가 빙글거리며 "미술관에 가자"라고 말하는 순간, 남편과 아이들의 마음속에서는 '주여!' 하는 비명이 터져 나왔다는 사실을. 미술관 동행은 그들에겐 일종의 벌칙이나 다름없다는 자각.

그래서 나는 홀로 미술관에 가는 것을 즐긴다. 내 속도대로 그림을 바라볼 때 마음이 훨씬 편안해진다. 내게 그림 감상이란 내면 깊숙한 곳에서 펼쳐지는 '나와 작품 사이의 비밀스런 화학작용'의 다른 이름이다. 이건 비단 나만의 이야기는 아닌 것 같다. 『미술관에는 왜 혼자인 여자가 많을까?』라는 책이 있다. 저자인 심리치료사 플로렌스 포크는 외로움을 호소하며 우울증까지 앓게 된 안나라는 여성에게 이런 과제를 준다. "미국 메트로폴리탄 미술관에 가서 동행인과 함께 온 사람, 그리고 혼자 온 사람의 수를 세어보세요."

안나는 직접 미술관을 둘러보다가 깨닫는다. 혼자 있는 시간은 '아무 일도 일어나지 않는 우울한 시간'이 아니라 자기 자신을 바라보고 성장하는 시간, 고요한 자유와 평화가 흘러넘치는 시간이라는 것을.

그런데 플로렌스 포크는 알았을까? 200년 전만 해도 '혼미술관'을 즐기는 여자라는 존재를 상상조차 할 수 없었다는 사실 말이다. 애초에 미술관은 남성들의 전유물이나 다름없었다. 남성 예술가들이 그린 작품을 남성 관람객들이 보러 가는 곳이 미술관이었다. 남성 일색이던 예술계에서 여성이 허락받은 자리는 단 하나, 남성에게 영감을 불어넣는 뮤즈 역할을 할 때뿐이었다. 그것도 벌거벗은 채로.

체통을 지켜야 하는 신사들이 죄책감 없이, 눈치 보지 않고 여성의 누드를 감상할 수 있는 장소가 미술관이었다. 그들은 누드화 속 붓 터치와 구도를 토론하는 척하며 몰래 헛기침을 하곤 했을 것이다. 프랑스 화가 장오귀스트도미니크 앵그르(Jean-Auguste-Dominique Ingres)의 〈그랑 오달리스크〉는 이런 남성 관람객들의 편의(?)와 취향을 노골적으로 반영한 작품으로 유명하다. 실오라기 하나 걸치지 않은 여성이 침대에 비스듬히 누워 있는 장면을 담은 그림인데, 폭이 무려 162cm에 달한다. 여성의 몸이 거의 실제 크기로 캔버스를 가득 메운 셈이니, 당시 남성들의 느꼈을 황홀감(?)을 미루어 짐작할 수 있다.

하지만 황홀함이 어떻든 간에, 〈그랑 오달리스크〉가 해부학적으로 '엉터리'라는 점은 분명하다. 여성의 허리가 지나치게 길어 마치 척추뼈가 두세 개 더 있는 것처럼 보이기 때문이다. 문제는 앵그르가 해부학 지식이 부족해서 이런 오류를 범한 것이 아니라, 애초에 인체 비례를 무시하고 그렸다는 데 있다. 왜 그랬을까? 그는 남성 관람객들의 시각적 쾌락을 극대화하려고 일부러 여인의 몸을 길게 '늘어놓은' 것이다. 덕분에 남성 관람객들은 그림의 왼쪽부터 오른쪽까지 시선을 옮겨가며 여성의 몸을 천천히 훑을 수 있었다. 치밀한 앵그르 되시겠다.

이처럼 남자들만 모여 재미를 누리던 공간에 여성들이 자유롭게 드나든다면? 아마도 남성들은 '침입'으로 느꼈을 것이다. 여성들이 미술관에 오는 것을 막기 위해 남성들이 들고 나온 주장은 다음과 같았다. "누드화가 여성들의 선천적 순수성을 훼손하고 수치심을 자극할 수 있기에 위험하다." 이 때문에 여성들은 미술관에서 남성 누드 조각상과 마주치면 부채를 파닥거리며 일부러 기절하는 시늉을 해야 했다. 태연하게 지나치다간 자칫 '조신한 여자가 아니다'라는 의심을 살 수 있었기 때문이다. 사실 미술관뿐만이 아니었다. 상류층과 중산층 여자들은 '샤프롱(Chaperon)'이라고 불렸던 동반자 없이는 어디에도 갈 수 없었다. 동행자가 없는 여성은 흔히 '천한 일'을 하는 사람으로 간주되었다. 이런 상황에서 '여성이 홀로 미술관에 간다'는 것은 정말 꿈같은 일이었다. 독일 철학자 칸트는 이렇게 꼬집었다.

> 남성은 뒤에서 여성을 돌봐주는 척하면서 그들을 감독한다. 가축을 기르는 것처럼 이 '조용한 피조물(여성)'이 테두리 밖으로 한 발짝도 못 나가게 하여 어리석은 상태에 머물게 만들고, 혹 독립하려 하면 위험에 빠질 거라 협박한다.*

* 슈테판 볼만, 『생각하는 여자는 위험하다』, 김세나 옮김,

그러나 남성들이 '자신들만의 미술관'을 지키려 한 이유는 단순히 여성들이 '시각적 쾌락에 방해가 되어서'만은 아니었다. 더 근본적인 이유는 따로 있었다. 메트로폴리탄 미술관에서 안나가 깨달은 바와 같이, 미술관은 '혼자 있는 힘(혼자력)'을 기를 수 있는, 일종의 자궁 같은 공간이기 때문이다.

*

'혼자력'이 왜 중요할까. 미국 평론가 수전 손택은 "글쓰기는 열기구, 우주선, 잠수함, 그리고 옷장 속에 들어가 있는 것과 같다. 온전히 집중하고 자기 목소리에 귀를 기울일 수 있는, 사람들이 없는 어딘가가 반드시 필요하다"**라고 말했다. 글쓰기의 전제가 곧 사유이기 때문이고, 사유를 위해서는 혼자만의 환경이 필수라는 이야기다. 그렇다. 혼자일 때에야 비로소 생각이 움튼다. 드디어 이를 깨달은 여성들이 움직이기 시작했다 19세기 말부터 여

  이봄, 2014, 재인용.
 ** 메이슨 커리, 『예술하는 습관』, 이미정 옮김, 걷는나무, 2020.

성들은 스스로 생각하고 자기 삶의 지휘권을 되찾기 위해 강렬한 저항을 이어갔다. 그 결과, 여성들도 미술관에서 홀로 그림 앞에 설 수 있게 되었다. 이 '홀로'가 여성들에게 선사한 것은 바로 오직 자신만이 드나들 수 있는 자유롭고 내밀한 공간이었다.

그림을 본다는 것은 자신 혹은 타인과 대화를 나누는 행위와 다름없다. 혼자 전시를 본 여성들은 눈앞의 작품을 곱씹으며 질문하고, 생각했다. 그 질문은 기존 질서에 대한 의문을 낳았고, 그 의문은 독자적이고 주체적인 세계상을 키웠다. 이때 여성들의 머릿속에 싹튼 세계상은 가부장제가 강요해온 '전통적인 모습'과 단연코 일치하지 않았다. 미술관은 그녀들의 상상력에 날개를 달아줬고, 상상력은 여성이 가부장제의 일렬종대에서 벗어나 "문턱 너머 저편"(시인 에이드리언 리치의 표현)으로 날아가는 데에 힘을 보탰다. 문턱 너머 저편엔 무엇이 있을까. 아무도 몰랐다. 심지어 여성 자신조차도.

그랬기에 미술관에 가는 여자들은 위험했다. 어쩌면 남성 중심 사회는 미술관이 그런 '불온한 사유'의 지평을 넓혀줄 옥토임을 본능적으로 감지했던 것은 아니었을까. 사실 가부장제뿐만 아니다. 자본주의, 비장애 중심주의, 인종주의, 제국주의… 이 모든 억압 기제는 늘 미술관과 긴장 관계다. 생각이 자유롭게 유랑할 수 있는 곳, '여기 말고 다른 세계가 있을지도 모른다'는 상상이 뻗을 수 있는 장소가 바로 미술관이라는 사실은 여전히 유효하기 때문이다. 그래서 오늘도 나는 미술관에 홀로 발을 디디며, 기꺼이 '위험한 여자'가 된다.

장롱을 여는 일

어릴 적 우리 집엔 자개장롱이 있었다. 방 한쪽 벽을 가득 채울 만큼 거대한 옷장은 마치 검은 코트를 두른 마녀 같았다. 깊이를 헤아릴 수 없는 먹빛 바탕에 촘촘히 수놓인 자개는 오색찬란하게 빛나며 강렬한 존재감을 뿜어냈다. 어렸던 나는 그 반짝이는 장식이 전복·조개·소라 껍데기를 얇게 간 것이라는 사실조차 몰랐다. 하지만 어느새 마녀와 친해졌다. 그녀의 옷 무늬를 유심히 들여다보기 시작한 것이다. 영롱한 빛깔 자체도 물론 아름다웠지만, 무엇보다 내 눈길을 사로잡은 것은 자개로 표현된 형상들이었다.

보통 자개 가구에는 모란, 학, 소나무, 공작새처럼 전통적인 길상(吉祥) 문양이 주로 들어간다. 그런데 우리 집 자개장롱에는 독특하게도 인물이 많이 등장했다. 말하자면 자개 버전 '민속화'였다. 옹기종기 모인 초가지붕 위에 주렁주렁 매달린 박들, 초가집 뒤로 높이 솟은 산, 그 산길을 상투 튼 남자가 지게를 지고 오르내리고, 아낙네는 아이의 손을 잡고 마을 사이를 지나는 작은 개울의 돌다리를 건너고…. 누워서 책을 읽다가 지루해지면 나는 자연스레 자개장롱으로 시선을 돌리곤 했다. 그곳에는 나만 아는 이야기가 있었다. 빛과 선이 만들어낸 그 풍경은 내 어린 영혼에 바람을 불어넣었고, 그 바람은 나를 신비스러운 곳으로 데려다주었다. 자개로 그려진 작은 마을, 그 평온하고 아늑한 세계로 말이다.

　이처럼 자개장롱이 내게는 '하나의 미술관'과도 같았지만, 가족들에게는 각기 다른 의미로 다가왔을 것이다. 어릴 적 동생은 틈만 나면 이불과 옷이 가지런히 정리되어 있는 옷장 속으로 기어 들어가곤 했다. 그러니 동생에게 자개장롱은 몸을 숨길 수 있는 '비밀의 방'이었을 것이다. 부모님에게는 이만큼 비싼 가구를 드디어 집 안에 들였다는 '자부심의 상징'이었을 것이다. 결국 자개장롱은 단순한 가구가 아니라 우리 가족의 역사가 배어 있는 하나의 '작은 박물관'이었던 셈이다. 지금도 삐걱거리는 장롱 문소리를 들으면, 눈앞에 당장이라도 검은 코트의 마녀가 나타날 것 같다. 젊은 엄마가 조심스레 자개를 닦는 장면까지도.
　그렇게 내게 또 다른 세상을 보여주었던 자개장롱은 여러 번의 이사를 거치면서 사라졌고, 나는 일상에 쫓기는 어른이 되었다. 그러다 결혼을 앞두고 처음 시댁을 방문한 날, 안방 한쪽에서 '고색창연한 검은 자개장롱'을 마주하고 깜짝 놀랐다. 시어머니는 젊은 시절 장만한 자개장롱을 아들이 장가갈 때까지 간직하고 계셨던 것이다. 뜻밖의 장소에서 옛 친구를 만난 기분이었다. 그러면서 이런 생각도 들었다. '만일 외국인들이 1980~90년대 한국 가정집을 몇 군데 구경했다면, 한국은 자개를 엄청 사랑하는 나라라고 오해했을 수도 있겠어.' 사실 당시 전국을 휩쓸었던 자개장롱 열풍은 잠깐 스쳐 지나가는 유행에 불과했다. 그렇다면 그 시절 한국은 왜 집집마다 자개장롱, 자개화장대, 자개 문갑까지 들였던 걸까?

자개 가구의 전국적 유행은 당대의 사회경제적 구조와 맞물려 있었다. 본래 자개공예는 조선시대부터 존재했지만, 근대 이후 서양식 가구가 퍼지면서 한동안 크게 주목받지 못했다. 그러다 1970~80년대에 '우리 고유의 아름다움'을 상품화하는 흐름과 함께 자개 공예가 다시 부각되었다. 게다가 경제가 빠르게 성장하면서 혼수와 인테리어에 대한 관심이 높아졌고, 자연스레 화려한 자개 가구가 각광받게 되었다. 자개 특유의 '영롱함'과 '화려함'은 그 시절 혼수 문화에 꼭 들어맞았다. 전국의 주부들이 계(契)까지 들면서 자개장롱 풀세트를 장만했고, 장인들도 시대 흐름에 맞춰 전통적인 길상 문양뿐 아니라 새로운 문양까지 시도했다. 그 덕분에 우리 집에 이색적인 '민속화 자개장롱'이 들어올 수 있었던 것이다. 보면 볼수록 자개장롱은 단순한 가구가 아니라, 그 시대 한국인의 가치관·미의식·경제 수준이 담긴 '문화적 산물'이었다. 자개장롱을 열었더니, 얼떨결에 '작은 역사서'를 읽을 수 있었던 셈이다.

그렇다면 다른 나라에서는 무엇을 열어야 그들의 역사와 사회상, 문화를 엿볼 수 있을까? 바로 각국의 미술관이다. 어쩌다 큰맘 먹고 해외여행을 가면, 대부분 유명한 역사 유적지나 독특한 자연경관을 먼저 찾는다. 나 역시 그렇다. 하지만 필수 코스라는 관광명소만 쏙쏙 골라 다니다가도, 참새가 방앗간을 못 지나치듯 방향을 틀어 미술관으로 향하곤 한다. '혈중 미술 농도'가 떨어지면 안 되기 때문이라고 농담 삼아 말하지만, 사실 미술관이 주는 특별한 경험 때문이기도 하다. 실제로 나 같은 참새야 그렇다 치더라도, 평소에 미술에 그리 관심이 없던 사람들도 막상 해외에 나가면 그 나라의 대표 미술관을 방문하는 경우가 많다. 왜일까? 그 나라가

수백 년간 쌓아온 이야기와 가치를 단숨에 접할 수 있는 곳이 바로 미술관이라서다.

    2016년 인도네시아 발리로 가족 여행을 갔다. 발리가 어떤 곳인가. 신혼여행지로 세계 최고를 다투는 휴양지다. 그런데 발리 체류 중에 우리는 굳이 '뮤지엄 파시피카(Museum Pasifika)'에 갔다. 마오리어 파시피카는 영어로 퍼시픽(Pacific), 즉 태평양을 뜻한다. 발리에 왜 태평양 지역 예술작품을 모아놓은 뮤지엄이 있는 걸까? 발리가 있는 인도네시아라는 나라 자체가 인도양과 태평양을 연결하는 위치에 있고, 특히 발리는 인도네시아 내에서도 동남아시아 힌두문화와 해양문화 및 태평양 도서 문화가 독특하게 혼합된 지역으로 손꼽히기 때문이다. 심지어 발리는 APEC(아시아태평양경제협력체) 회의가 열린 지역이기도 하다. 발리만큼 아시아-태평양에 소속되어 있다는 정체성이 확실한 지역도 없는 셈이다. 그래서일까, 미술관은 인도네시아의 힌두교적 세계관을 담은 그림은 물론, 중부 태평양 서쪽에 있는 섬나라인 키리바시(Kiribati) 전사의 복장, 멕시코 화가 미겔 코바루비아스(Miguel Covarrubias)가 묘사한 환태평양 그림도 나란히 전시하고 있었다. 발리라는 공간의 정체성을 예술을 통해 한눈에 볼 수 있었던 셈이다.

그뿐만이 아니다. 미술관은 그 나라가 지나온 시간들, 그 나라 사람들이 무엇을 고민하고 어떻게 세계를 바라보았는지 구체적으로 들여다볼 수 있는 창이기도 하다. 오스트리아 빈 미술사 박물관의 14~15세기 전시관에는 성모 마리아, 예수, 성인들의 그림이 주로 전시되어 있다. 그 시대도 지금처럼 삶의 모습이 다양했을 텐데 그중에 유독 그리스도교와 관련된 내용만 그림으로 남았다는 것은 그 시대 사람들이 그리스도교 세계관을 통해 세상을 바라보고 있었다는 점을 알려준다. 마찬가지로 우리나라 국립중앙박물관에 가면 고려시대까지는 불교 예술품이, 이후에는 유교적 덕목을 담은 예술품이 많다. 예술이란 그 시대의 권위·제도·가치관에 대해 사람들이 어떻게 응답했는지 알 수 있는 흔적이기도 하다. 미술관을 거닐다 보면 그 나라 사람들의 정신사도 일별할 수 있는 셈이다.

『걷기의 말들』에서 이영미 작가는 미술관에 가는 것을 "겨울 나라에 놀러 왔다가, 더 깊숙한 얼음 궁전에 들어가는 느낌"이라고 표현했다. 전적으로 동감한다. 도시나 풍광을 둘러보는 것이 겉을 맛보는 수준이라면, 미술관 방문은 그 지역 문화의 '정수(精髓)'를 들여다보는 일 아니겠는가.

자개장롱 문을 열면 한 가정의 취향과 생활상이 보이듯, 미술관 문을 열면 그 나라 국민이 보살펴온 예술과 사상이 펼쳐진다. 다시 말해 해외 미술관 방문은 그 나라 사람들의 '집합적 자개장롱'을 여는 것과 같다. 실물로 보는 명작도 좋지만, 미술관이 품고 있는 과거·현재·미래의 이야기가 더욱 매혹적인 이유다. 어린 시절 내가 자개장롱 앞에서 새로운 이야기를 상상했듯, 어른이 된 나는 외국 미술관을 거닐며 그들의 역사·관념·미감에 한 걸음 가까워진다. 그러니 외국으로 나갈 때마다 그곳의 미술관을 반드시 들러볼 일이다. 남의 집 자개장롱을 열어보는 건 예의에 어긋나는 일이지만, 미술관은 언제든 두 팔 벌려 환영해주니까!

미술관에 가면 왜 다리가 아플까

고등학교 시절, 『수학의 정석』이라는 개념서가 있었다. 워낙 유명한 책이라 나도 의무감(?)으로 구입했는데, 내 책에는 묘한 특징이 있었다. 첫 챕터가 '집합'이었는데, 부끄럽지만 이 부분만 페이지가 새까맸고 그 뒤로는 새것처럼 깨끗했다는 것. 항상 야심차게 공부를 시작하지만 금세 시들해지고, 또다시 '집합'부터 시작했다가 포기하는 패턴을 반복한 결과, 그렇게 내 수학 실력은 끝장났다.

『수학의 정석』에서 얻은 교훈을 마음에 새겨야 했건만, "인간은 어리석고 같은 실수를 반복한다"고 했던가. 대학 시절 파리 루브르 박물관에 갔을 때였다. '빠짐없이 돌아볼 거야, 기필코 다 보고 말겠어'라며 기세등등하게 입장한 지 세 시간 뒤, 온갖 이집트 석상만 기억에 남긴 채 '더는 안 되겠다'며 항복하고 말았다. 정작 보고 싶었던 루브르 소장 회화는 주마간산 격으로 반쯤 영혼이 털린 채 훑었다. 샅샅이 보겠다고 고대 유물이 전시된 지하 1층부터 차례로 올라가며 관람했던 게 패착이었다. 결국 '집합' 꼴이 난 것이다(내가 보고 싶었던 앵그르, 페르메이르, 드 라투르의 그림은 3층에 있었다).

나 같은 사람이 많은 걸까. 루브르 관람객이 레오나르도 다빈치의 〈모나리자〉 앞에서 머무는 평균 시간은 단 15초라고 한다. 이런 식이라면 미술관 관람은 그저 '좌표 찍고 돌기'와 다를 바 없을 터. 몇 번 실패를 하고서야 나는 깨달았다. '처음부터 무리하면 안 된다.' 이젠 전시의 하이라이트에 내 집중력과 체력을 온전히 쏟을 수 있도록, 미리 볼 작품을 대담하게 '선택'한 다음 자세를 한껏 낮추고 미술관에 들어간다. "미술관을 체크리스트처럼 여기지 말고, 메뉴처럼 즐겨라"라는 아트 컨설턴트 요한 이데마의 조언대로 말이다.

  그런데 생각해보면 이상하다. 세 시간 동안 실내에서 걷기만 했을 뿐인데, 왜 국토 종주라도 한 듯 진이 빠지고 발바닥에서 불이 나는 걸까. 머리는 멍해져 어느덧 '저것은 노랑이요 저것은 빨강인가?' 수준이 된다. 알고 보니 이 증상에는 이름이 있었다. 바로 '뮤지엄 레그(Museum Leg)'. 나만의 독특한 문제가 아니라 많은 이가 겪는 현상이었던 것이다. 그런데 루브르 같은 대형 미술관뿐만 아니라 작은 미술관을 돌아본 뒤에도 우리는 종종 '뮤지엄 레그'에 시달린다. 도대체 왜 그럴까?

오늘날 미술관과 박물관에서 볼 수 있는 작품들은 본래 온 세상에 흩어져 있었다. 예를 들어 영국박물관의 〈엘긴 마블스〉는 '트로이 전쟁'을 묘사한 대리석 조각으로, 400명의 인물과 200마리의 동물이 등장한다. 이 압도적인 작품은 애초에 어디에 있었을까? 바로 그리스 아테네의 파르테논 신전 벽면에 부착되어 있었다. 19세기 초 영국인 외교관 토머스 엘긴이 신전에 붙어 있던 조각들을 떼어내 영국으로 가져온 것이다.

　　다른 예도 살펴보자. 독일 프랑크푸르트 슈테델 미술관에는 르네상스 화가 산드로 보티첼리(Sandro Botticelli)의 〈젊은 여인의 초상〉이 있다. 그림 속 주인공은 피렌체 메디치 가문 사람이었던 줄리아노 데 메디치의 연인 '시모네타 베스푸치'. 그녀는 당시 메디치 가문 소유였던 고풍스런 목걸이를 걸고 오른쪽을 응시하고 있다. 이 그림은 메디치 저택에 걸릴 목적으로 그려진 작품이었다. 하지만 지금은 기독교 성인화들 사이에서 홀로 님프(그리스 신화에 등장하는 정령) 분장을 한 채 슈테델 미술관 벽에 걸려 있다.

이렇듯 미술관·박물관에 전시된 개별 작품들은 본래 각자의 역사적·장소적 맥락 속에서 존재했다. 프랑스 고고학자이자 예술행정가 카트르메르 드 켕시는 나폴레옹의 이탈리아 원정 당시 예술품을 프랑스로 가져가는 '약탈행위'를 비판하며 이런 글을 남겼다.

고대와 르네상스 작품을 '살아 있는 역사적 맥락'에서 뜯어내 박물관으로 옮기는 순간, 그 의미가 파괴되고 맙니다. 예술작품은 본래 목적과 장소에 있을 때만 우리의 감정을 깊이 자극하니까요.*

작품이 미술관에 들어서는 순간 예술의 의미가 소거된다고 확언하기는 어렵다. 분명한 건 미술관에서 발견할 수 있는 아름다움과 가치들이 본래는 세계 곳곳에 퍼져 있었지만, 현재는 좁은 공간 안에 밀도 높게 담겨 있다는 사실이다. 그뿐 아니라 작품이 애초의 장소에 있을 때는 사람들이 작품

---

* '이탈리아에서 예술기념품들을 옮기는 문제에 관해 미란다 장군에게 보내는 서한'(Lettre à Miranda sur le déplacement des monuments de l'art de l'Italie), 1796.

을 하나하나 해체해 의미를 분석할 필요가 없었다. 하지만 작품이 미술관에 들어오는 순간부터 작품은 큐레이터의 날카로운 시선 아래 낱낱이 해체되어 그 의미 조각조각이 설명되고, 시대 상황·예술 사조 등에 맞춰 재맥락화된다. 작품이 배태하고 있는 시대 상황과 철학 사조에 따라 전시실이 배정되면서, '태어날 당시의 시대 상황'을 설명하는 하나의 증거로서 재탄생되는 것이다. 작품 하나하나마다 갖게 되는 무게감이 남다를 수밖에 없다.

    미술관에서 우리의 발과 정신이 혹사당하는 것은 그러므로 당연하다. '뮤지엄 레그'는 단순히 물리적인 피로만으로 설명될 일이 아니다. 작품을 제대로 감상하려면 눈뿐 아니라 뇌까지 고도로 작동해야 한다. 집중력과 주의력이 필수인데, 우리의 뇌용량은 한정적이기에 좋아하는 작품 몇 점만 봐도 꽤 힘에 부칠 법하다. 하물며 루브르처럼 방대한 미술관에서 '과다섭취'하면 어떻게 될까. 즉 뮤지엄 레그는 우리의 뇌와 몸이 '이제 못 해먹겠다' 하고 파업을 선언하는 것으로 이해하면 될 것이다.

*

 뮤지엄 레그와 관련해 인상적인 자료를 봤다. 영국의 미술비평가 존 버거는 『풍경들』에 실린 「미술관의 역사적 기능」(1966)이라는 글에서 흥미로운 이야기를 한다. 그에 따르면, 프랑스의 한 저명한 전시기획자는 "미래의 미술관은 기계화될 것"이라고 전망했다고 한다. 관람객들이 작은 상자 안에 가만히 앉아 있으면, 그림들이 수직 에스컬레이터 같은 장치를 타고 차례로 등장한다는 것이다. 그는 "이런 방식이면 한 시간 반 동안 1000명의 관람객이 자리에서 움직이지 않고도 1000장의 그림을 볼 수 있다"라고 썼다. 이는 요즘의 온라인 비대면 미술관을 떠올리게도 한다. 물론 실제 작품이 움직여서 내 앞에 나타나는 것과 버튼을 클릭해 모니터로 보는 건 큰 차이가 있지만, 어쨌든 '뮤지엄 레그' 없이 작품을 볼 수 있다는 상상 자체는 재미있다. 하지만 한 가지는 확실하다. 실제 미술관에서 내 발로 전시실을 돌아다니며 관람하는 맛을 대체하기는 어렵다는 사실.

 그렇다면 어떻게 하면 '뮤지엄 레그'를 피할 수 있을까. 슬렁슬렁 산책하듯 미술관을 걸어보는 것은 어떨까? 동네 마실 나온 사람처럼 마음에 드는 작품을 만나면 잠시 머물러 스몰토크도 나누고, 슬슬 피로감이 올라온다 싶으면 쉬기도 하면서.

　　박지원 작가는 『산책하는 마음』에서 "스스로 넉넉함을 느낀다는 '자족'이라는 말이 '스스로의 발'을 뜻한다는 것도 의미심장하다"라고 썼다. 그렇다. 자유롭게 발을 옮기면서 세상을 둘러보는 과정 자체가 우리에게 넉넉함을 선사한다. 내 안의 부담감을 덜어내고 '스스로 넉넉함'을 느끼면서 미술관을 내 두 발로 '산책'하다 보면, '뮤지엄 레그'에서 벗어날 수도 있지 않을까. 그때쯤 작품들은 내가 미간을 찌푸리며 해석해야 하는 '콘텐츠'가 아니라, 박지원 작가의 말처럼 "욕심을 비운 나를 토닥여주는 작은 위안이자 소탈한 격려"로 다가올 것이다.

화이트 큐브

무균실처럼 새하얗고 탁 트인 전시공간에 발을 디디는 순간, 나는 숨소리조차 조심하게 된다. 사방의 벽뿐만 아니라 바닥과 천장까지 순백으로 칠해놓은 이 공간은 루브르처럼 왕궁이었던 곳이나 영국박물관처럼 고대 신전을 연상시키는 웅장한 미술관과는 또 다른 압도감을 자아낸다. 역사적 공간 속에 전시된 작품들이 오랜 세월의 무게에 기댄 듯 자연스럽게 녹아들어 있다면, 병원이나 공장 같은 느낌의 '하얀 미술관'은 정반대 효과를 빚어낸다. 그림자나 티끌조차 없을 법한 인공적인 장소에 덩그러니 놓인 작품은 권위나 전통, 그 무엇에도 의존하지 않는다. 그런 무중력 공간 같은 미술관에 발을 들이는 순간, 우리는 어쩔 수 없이 두근거리는 기대를 품게 된다. 세상의 중력에 발목이 잡힌 일상에서는 절대 경험할 수 없는 특별함을 마주하게 될 것만 같아서.

이렇듯 작품 외 모든 공간 요소를 '묵음'으로 처리한 하얀 상자 형태의 전시실을 '화이트 큐브(White Cube)'라고 부른다. 아일랜드계 미국인 미술평론가 브라이언 오도허티가 1976년 『아트포럼』에 기고한 글 「하얀 큐브 안에서」를 통해 처음 제안한 개념이다. 그는 "화이트 큐브에 들어가면 관람자 자신은 소멸되고, 오직 미술관 공간만이 유일해지는 경험을 하게 된다"라고 썼다. 실제로 창문조차 없는 큐브형 전시장에 들어서면, 바깥세상과 완전히 단절된 듯한 느낌이 든다. 시간의 흐름조차 가늠하기 힘든 공간 속에서 우리는 전혀 다른 감각으로 작품과 마주할 수 있는 것이다. 마치 감각이 재부팅되는 양, 시선은 한없이 투명해지고 마음속 소란도 잠시 잦아드는 듯하다.

사실 화이트 큐브의 역사는 그리 길지 않다. 1929년 뉴욕 현대미술관의 초대 관장 앨프리드 바는 전시 '세잔, 고갱, 쇠라, 반 고흐'를 기획하면서 화이트 큐브를 처음 선보였다. 그는 기둥과 장식, 몰딩 등을 모두 걷어내고, 벽을 면직물로 덮어 '작품 외에는 시선을 둘 곳이 없도록' 만들었다. 이 전시는 대성공을 거두었다.

미술관에 간 우리는 개별 작품을 적극적으로 보는 것 같지만, 실상은 한 작품에 시선이 머무는 시간이 1분도 채 안 되는 경우가 허다하다. TV 채널 돌리듯 작품들 사이를 스쳐 지나가기도 한다. 이렇듯 주의력이 분산되기 쉬운 상황에서 작품 이외의 시각 요소를 완전히 제거한 화이트 큐브는 관람객을 작품에 최대한 몰입하도록 돕는 기막힌 장치였다. 그러므로 화이트 큐브에서는 굳이 액자가 필요 없다. 전시 공간 자체가 흰 테두리 역할을 하는 셈이다.

무엇보다 화이트 큐브는 추상미술, 개념미술, 동시대 미술을 비롯해 어떤 형태든 예술이 될 수 있는 현대예술에 최적화된 무대다. 시중에서 파는 변기를 가져다놓거나, 슈퍼마켓 세제 상자를 쌓아놓거나, 가만히 앉아 관람객들과 눈을 마주치거나, 불을 켜고 끄는 행위 자체도 예술이 되는 시대다. 액자와 받침대에서 해방된 예술은 도표, 그래프, 지도, 그래픽, 과학 모형, LED 텍스트, 인쇄물 등 다양한 형태로 전시될 수 있다. 이런 '다원화된 예술작품'에 권위와 무게를 실어주는 것이 바로 화이트 큐브다.

그런데 이 무균 공간은 단순한 배경만은 아니다. 오히려 그 중립적인 표면 아래에는 치밀한 감상 설계가 숨겨져 있다. 큐레이터들은 작품 하나하나를 돋보이게 만들기 위해 조명, 간격, 높이, 배치 순서, 관람객의 이동 동선까지 철저하게 계산한다. 전시장은 보통 일직선이나 루프형 구조를 따라 설계되는데, 이는 관람자가 하나의 흐름에 몸을 맡긴 채 걷고-멈추고-응시하고-다시 걷는 감각을 반복하게 만든다. 무표정해 보이는 화이트 큐브 안에서도 감정의 곡선은 존재하는 것이다. 어떤 전시는 관람객이 처음 만나는 공간에 익숙하고 친근한 작품을 배치하고, 중간에는 도전적인 주제를 제시한 다음 마지막 공간에서 여운을 남기는 식으로 서사를 완성한다. 이를 통해 미술은 더 이상 벽에 걸린 그림이 아니라, 공간을 통해 이야기를 구성하는 감각적 경험이 되었다.

물론 모든 작가가 이 무언의 무대를 반기지는 않는다. 어떤 이들은 화이트 큐브가 예술을 현실과 동떨어진 '진공 상태'에 가두고, 관객을 작품과 단절시키는 차가운 필터 역할을 한다고 지적한다. 예술이 삶의 일부가 되어야 한다는 입장에서는 거리와 시장, 도시의 소음 속에서 예술이 살아 숨 쉬어야 한다고 주장하기도 한다. 실제로 거리로 나가는 전시, 공공미술, 폐허 공간 전시, VR·AR 기반의 온라인 전시 등은 화이트 큐브에 대한 반발에서 비롯된 시도들이기도 하다. 그럼에도 여전히 많은 작가와 관객 들은 이 '차가운 공간'을 찾는다. 때로는 현실보다 더 현실적인 진실이 그 안에 있어서다.

영국 설치미술가 트레이시 에민(Tracey Emin)

의 사례가 이를 보여준다. 에민은 파란만장한 삶을 살았다. 아버지가 사업에 실패하면서 일곱 살이라는 어린 나이에 가족이 뿔뿔이 흩어지는 비극을 겪었고, 열세 살에 성폭행을 당한 뒤 거리의 소녀가 되었다. 알코올의존증, 우울증, 자살 시도, 낙태, 유산…. 그녀의 삶은 폭풍처럼 요동쳤다. 그러던 어느 날, 과음으로 널브러져 있다가 갈증이 난 에민은 부엌으로 기어가 물을 마신 후 자신이 방금까지 누워 있던 침대를 돌아보았다. 엉망진창이었다. 먹다 남은 음식 곁에 술병이 나뒹굴고 아무렇게나 벗어놓은 스타킹, 더러운 속옷, 오래된 신문, 잡다한 메모지, 쓰다 만 콘돔이 어지럽게 흩어져 있었다. 에민은 이 잡동사니 틈바구니에 죽은 채 누워 있는 자신을 사람들이 발견하는 환상을 보게 된다. 이때 그녀는 '만일 내가 절망적이고 치욕스러운 이 모습 그대로, 침대를 화이트 큐브 속에 가져다놓는다면 어떻게 보일까?' 상상했더니 이 모든 것이 새롭게 보였다고 한다.

　그 상상은 현실이 되었다. 바로 트레이시 에민의 1998년 작 〈나의 침대〉가 그것이다. 누군가에겐 절망과 상처의 현장일 뿐이지만, 현대예술계는 이를 '예술'로 포용했다. 상처투성이 사적 공간에서 떨어져나온 에민의 침대가 화이트 큐브라는 멸균된 공적 영역에 놓이자 전혀 다른 의미가 생겼다. 작가는 이 작품을 통해 트라우마를 치유할 수 있었고, 관람객들은 그녀의 삶에 공감하며 이야기를 나눌 수 있게 된 것이다. 급기야 〈나의 침대〉는 영국의 대표적인 현대미술상인 '터너상' 최종 후보에까지 오르는 기염을 토했다.

오늘도 화이트 큐브는 〈나의 침대〉 같은 소란스러운 작품조차 정갈하게 진열해두고 관람객을 기다린다. 마치 요즘 신조어인 '힘숨찐(힘을 숨긴 주인공)' 같은 느낌이다. 겉은 완벽하게 평온해 보이지만 속에는 천둥과 번개, 화염을 숨기고 있는 공간. 관람객들은 그 안에서 작품과 일대일로 대면하며 머릿속으로 차가운 통찰을 얻고, 가슴은 뜨겁게 덥힌다. 만일 〈나의 침대〉가 고색창연한 교회나 수도원, 혹은 왕궁을 개조한 전통적인 미술관에 놓였다면 어땠을까? 아마 많은 사람이 눈길조차 주기 어려웠을지 모른다. 아무리 강렬한 작품이라 해도 관람객의 주목을 받지 못한다면 무슨 소용이겠는가? 불꽃은 스스로 점화되지 않는다.

무엇보다 나는 화이트 큐브 특유의 '침묵의 사

원' 같은 분위기가 좋다. 복잡한 세상에 치여 길을 잃은 기분일 때도 화이트 큐브는 예의 그 차분한 표정으로 나를 받아준다. 정적이고 고요한 세계에 숨어들어 몸을 웅크린 채 쉬고 있으면, 마치 세상의 때로부터 살균되고 표백되는 것만 같다. 창백한 피부의 말 없는 친구가 조심스레 등을 토닥여주는 느낌이랄까. 그렇게 나는 다시 세상으로 걸어 나갈 힘을 얻는다.

무제

우리 엄마의 이름은 '조임순'이다. 엄마는 종종 자신의 이름을 지어준 부모를 원망한다. "사람 이름을 어떻게 이따위로 지어?" 하면서 말이다. 그냥 촌스럽고 흔해서 불만이 아니다. 엄마의 여동생인 내 이모의 이름 때문이었다. 이모의 이름은 '조순임'. 그렇다. 엄마의 이름을 그냥 거꾸로 바꿔놓기만 했다. "사람 이름을 이렇게 '대충' 지으면 어쩌냐고. 성의가 없잖아."

통상 부모는 자식에게 이름을 지어줄 때, 반짝이는 눈으로 아이를 바라보며 어떤 이름이 어울릴지 깊이 고민한다. 그리고 이름이 정해지면, 앞으로 그 이름으로 아이를 부를 수많은 순간을 상상하며 설레곤 한다. 엄마가 서운했던 건 바로 그 '정성의 흔적'을 자신과 동생의 이름 속에서 찾을 수 없기 때문이었다.

그래서일까. '조임순'의 딸인 나는 미술관에서 〈무제〉라는 작품을 볼 때마다 기분이 언짢았다. 자신이 탄생시킨 작품을 무책임하게 내팽개친 것 같은 느낌이었다. '아니 이름도 없이 애(작품)를 세상에 내놓아? 그러고도 네가 부모(작가)야?' 물론 안다. 이런 '급발진'이 옳지 않다는 걸. 사실 옳지 않은 점은 또 있다. '〈무제〉=정성 없음'이라는 등식은 사실 내 무지와 오해에서 비롯된 것이다.

신화나 성경 이야기, 역사적 사실을 담은 그림에는 대개 제목이 있다. 이때 제목은 관람객이 작품에 다가갈 수 있는 입구 역할을 한다. 예를 들어 제목이 없는 그림을 본다고 가정해보자. 바위에 묶인 젊고 아름다운 여자가 있고, 그 옆에 괴물이 입을 벌린 채 위협하고 있다. 설상가상으로 무방비 상태의 여자 곁으로 갑옷 차림의 남자 한 명이 다가온다.

관람객은 오리무중에 빠진다. 이 남자는 누굴까. 여자를 묶은 악당일까, 아니면 구하러 온 영웅일까? 괴물과 한편인가, 괴물을 무찌를 자인가?

서양미술사에 익숙한 사람도 혼란에 빠지긴 마찬가지다. 이 그림은 〈안젤리카를 구하는 로제〉일 수 있다. 16세기 초 이탈리아 시인 아리오스토의 서사시 「광란의 오를란도」에는 해적들이 카타이의 여왕 안젤리카를 바다 괴물 오크에게 제물로 바치려 하자, 용맹한 기사 로제가 그녀를 구해낸다는 에피소드가 등장하기 때문이다. 그렇다면 여자는 안젤리카, 남자는 로제, 괴물은 오크일 것이다.

어떤 사람은 〈용과 싸우는 성 게오르기우스〉라고 생각할 수 있다. 성 게오르기우스는 초기 기독교 순교자인데, 13세기 제노바 대주교였던 야코부스 데 보라지네가 지은 『황금전설』 속에서 용을 퇴치하는 기사로 등장한다. 내용은 이렇다. 카파도키아 호수에 사는 용은 인간들이 제물을 바치지 않으면 독기를 사방에 뿜어댔다. 왕은 외동딸을 용에게 바쳐야 할 지경에 이르렀는데, 마침 이 사연을 들은 게오르기우스가 용의 입속에 긴 창을 찔러넣어 퇴치한다.

그런데 이 그림의 진짜 제목은 〈페르세우스와 안드로메다〉로 밝혀진다. 그리스 신화 속에서 페르세우스는 안드로메다가 신탁에 따라 바닷가 절벽에 포박되어 괴물 케토스의 먹이가 되려는 순간, 괴물을 퇴치하고 그녀를 구하는 영웅이다. 그제서야 모든 관람객은 수수께끼 같던 그림이 '페르세우스와 에티오피아 공주 안드로메다의 첫 만남을 그린 작품이구나!'라고 단번에 이해할 수 있다. 이처럼 제목은 작품의 의미를 풀어줄 수 있는 열쇠이며, 예술을 이해하고자 하는 관람객의 목마름을 해소해주는 오아시스와 같다.

그러나 현대 작품으로 건너오면 상황이 영 어려워진다. '제목 없음', '무제'가 대거 등장하기 때문이다. 아예 〈No. 16〉처럼 번호만 붙어 있는 작품도 있다. 오아시스가 아니라 사방이 메마른 모래밭이다. 현대 예술가들은 왜 제목을 붙이지 않을까. 혹시 무엇에서든 의미를 찾으려는 인간의 욕망을 고의로 꺾는 것에 재미를 느끼는 변태… 아니 심술쟁이인 걸까?

사실 현대 예술가는 '어떤 그림을 그려야 한다'는 부담에서 이미 해방되었다. 과거에는 주로 신화와 성경 이야기, 역사적 사건을 바탕으로 작품을 창작했다면, 이제 무엇이든 만들고 그릴 수 있다. 심지어 자신의 똥을 예술로 만든 사람도 있으니 말해 무엇하랴(농담이 아니고 진짜다. 이탈리아 현대미술 작가 피에로 만초니[Piero Manzoni]는 1961년 〈예술가의 똥〉을 만들었다. 깡통 속에 작가 본인의 대변을 넣고 밀봉한 엄연한 '작품'이다).

이렇듯 현대미술은 훨씬 개인적이고 주관적이다. 작가의 개인적인 경험, 취향, 목표 등이 작품 안에 고스란히 들어간다. 그래서 작가는 관람객이 자신의 '생각'을 이해하기보다 작품을 직접 '경험'하기를 바라는 경우가 많다. 만일 작품의 제목이 없다면, 관람객의 체험 방식을 제목이 미리 제한하지 않기를 바라는 작가의 의도일 확률이 높다. 무언가가 우리를 뒤흔들 때, 굳이 그것이 무엇인지 딱 부러지게 알 필요는 없는 것이다. 게다가 언어와 개념으로 표현하기 어려운 감각적 체험도 분명 존재한다. "말로 다 할 수 있었다면 굳이 그림을 그릴 이유가 없었을 것"이라는 미국 화가 에드워드 호퍼(Edward Hopper)의 말도 있지 않은가.

무엇보다 '제목 없음'은 관람객의 상상력을 훨씬 자유롭게 해준다. 예컨대 작품 제목이 〈가을〉이라면 우리는 추상화 속에서 가을 풍경의 파편을 찾는 데 급급해질지 모른다. 그러나 제목이 없다면 어떨까? 말 그대로 '몰락'이나 '그리움' 혹은 '희망'처럼 훨씬 더 다양한 감정을 떠올릴 수 있다. 제목이라는 답이 없기 때문이다. 이런 식의 다채로운 해석은 예술작품을 더욱 풍성하고 입체적으로 만든다.

어쩌면 사람들이 현대미술이 어렵다고 여기는 까닭도 '내가 작품을 제대로 해석하고 있는가?' 회의하고 의심하기 때문일지도 모르겠다. 그럴 때 프랑스 평론가 롤랑 바르트의 말을 떠올려보자. 그는 "텍스트란 창작자의 의도와 무관하게, 독자가 다양한 해석을 펼칠 수 있는 다층적 공간"이라고 했다. 미술 역시 마찬가지다. 작가 손을 떠난 작품은 이미 공적인 영역으로 진입해 '공공재'가 된다. 그렇기에 관람객은 작가의 의도를 맹목적으로 좇지 않고 작품을 '각자' 읽어낼 자유, '나만의 제목'을 붙일 수 있는 자유를 갖는다. 때마다 다른 해석이 붙을수록 작품은 새롭게 태어나고, 작품의 완성도 그때그때 새롭게 이뤄지는 셈이다.

그러니 미술관에 갔는데 제목 없는 작품 천지라 해도 당황하거나 움츠러들지 말자. 주저 말고 나만의 이름표를 용기 있게 붙여보는 것이다. 노래 가사처럼 '확실한 사랑의 도장'을 찍어보는 것, 바로 그것이 현대미술을 즐기는 첫걸음일 테니까.

'조임순'이라는 이름을 못마땅해하던 엄마는 (지금은 은퇴하셨지만) 한때 꽤 잘나가는 영업사원이었다. 어느 날 보니 엄마의 카카오톡 프로필에 '조임순(조민수)'라고 적혀 있었다. 도대체 무슨 일이냐 여쭤봤더니, 영업할 때는 스스로 지은 '조민수'라는 이름을 쓴다고 하셨다. 이른바 활동명인 셈이다. 나도 모르는 사이, 우리 엄마는 이미 현대예술을 몸소 실천하고 있었던 것이다.

액자

미술관을 거닐다 보면 그림만큼이나 자주 마주치는 것이 바로 액자다. 그림을 돋보이게 해주는 조연이지만, 때로는 이 액자 자체가 눈길을 사로잡을 때가 있다. 어느 날 문득 그림과 한 몸처럼 붙어 있는 액자를 보며 이런 생각이 들었다. '액자는 내게 '닻'이자 '돛'이면서 '덫'이로구나.'

뮤지컬 관람을 위해 대형 공연장 객석에 앉으면 가장 먼저 눈에 들어오는 것이 무대 위에 드리워진 커튼이다. 굳게 닫혀 있는 무거운 커튼은 마치 "아직은 무대가 준비되지 않았어"라고 말하는 듯하고, 그만큼 기대감도 커진다. 시간이 되어 커튼이 양쪽으로 물러나면, 관객들은 박수를 치며 극의 세계로 빨려 들어간다.

미술관에 걸린 액자 역시 무대 커튼과 비슷한 역할을 한다. 그림 속 세계로 초대하는 안내장 같달까. 그림을 감싸고 있는 액자는 내게 '지금부터 미학적 경험이 시작된다'는 출발 신호를 주는 것만 같다. 그래서인지 전통적 스타일의 액자는 그림보다 살짝 튀어나오게 만들어지곤 했다. 관람객이 우물 안을 들여다보는 느낌이 들게끔 말이다. 그렇게 나는 우물 안으로 다이빙하듯 그림 속으로 기꺼이 뛰어든다. 이때 액자는 마치 '닻'과 같다. 닻이 배가 떠내려가지 않도록 고정해주듯, '여기가 바로 네가 시선을 고정시킬 영역'이라고 설정해주기 때문이다.

독일 화가 카스파르 다비트 프리드리히(Caspar David Friedrich)의 전시회를 보러 온 사람들도 비슷한 경험을 했을 것이다. 그들은 황금빛 액자에 이끌려 이른바 '종교적 우물' 속으로 빠져들었다. 1808년 독일 드레스덴에 있는 프리드리히의 작업실에서 열린 전시회에 사람들이 모여들었다. 자유롭게 작품들을 돌아보던 이들은 순간, 마치 홀린 듯 작품 앞에 멈춰 섰다. 제목은 〈산속의 십자가〉. 노을 진 하늘을 배경으로, 당시 중유럽 길가에서 흔히 볼 수 있던 평범한 십자고상(十字苦像)을 담은 풍경화였다. 그러나 관람객들의 반응은 일반적인 풍경화를 볼 때와 사뭇 달랐다. 화가이자 미술비평가인 게르하르트 폰 퀴겔겐(Gerhard von Kügelgen)의 부인 마리아 헬레네 폰 퀴겔겐은 당시의 분위기를 이렇게 기록했다. "평소에 큰 소리로 떠들던 사람들까지 교회에 들어선 것처럼 나지막하게 속삭였다." 풍경화가 마치 제단 위에 올려진 종교화처럼 보였던 것이다. 〈산속의 십자가〉가 '테첸 제단화'라는 또 다른 이름을 가진 이유다(북부 독일 테첸 지역 귀족에게 팔

렸기에 '테첸'이라는 명칭이 붙었다).

이는 사실 프리드리히의 의도였다. 평범한 풍경을 종교적 상징처럼 보이게 하려고 물리적 장치를 고안한 것이다. 프리드리히가 직접 디자인하고, 조각가 친구인 고틀리프 크리스티안 퀸에게 의뢰해 만든 '특수 액자'가 그것이다.

이 액자는 여러모로 특별했다. 눈이 부실 만큼 빛나는 황금빛인 데다가 성화(聖畵)에나 쓰일 법한 장엄한 곡선·소용돌이·광선과 신의 눈, 성만찬의 포도 등 종교적인 상징 조각이 빼곡했다. 모양마저 전통 제단화처럼 윗면을 삼각형 구조(첨두형)로 만들어 관람객이 자연스럽게 '교회 제단'을 떠올리도록 했다.

만일 〈산속의 십자가〉가 평범한 나무 액자에 걸려 있었다면 그저 '낭만주의 풍경화'로만 여겨졌을지 모른다. 그러나 프리드리히는 작품을 '제단화' 형식의 액자에 넣음으로써 관람객이 '아, 이건 예배용 종교화구나'라고 직감하게 만들었다. 그림이 어떤 '액자' 안에 걸리는지에 따라 작품의 해석이 달라지고 관람자의 인식도 변화한다는 사실을 알았기에, 액자 자체를 '조각 작품'으로 만들어 그림과 일체화시킨 것이다. 다시 말해 그에게 액자란 그림을 돋보이게 하는 단순 장식품이 아니라, 작품이 가진 메시지를 확장해주는 '돛'이었다. 바람을 받아 배를 앞으로 나아가게 하는 '돛'처럼 액자 역시 작품에 새로운 동력을 부여해 관람자에게 강렬한 인상을 심어주기 때문이다.

그림 속으로 깊숙이 빠져들게 만드는 장치가 전통적 액자라면, 현대미술에서는 그 '프레임'이 훨씬 더 넓고 유동적이다. 벽에 걸린 평면을 감싸는 액자 대신, 공간 전체가 하나의 프레임이 되는 식이다. 미술관 안에 들어선 순간부터 작품 앞에서 발을 떼는 순간까지, 우리가 그 작품을 어떻게 마주하고 어디에 서서 어떤 각도로 바라보는지가 모두 작가의 의도에 포함된다. 액자가 사라졌다고 해서 '프레이밍' 자체가 사라진 것은 아닌 셈이다.

현대미술 작가 론 뮤익(Ron Mueck)의 작품은 그 점을 가장 잘 보여준다. 그는 사람의 모습을 극사실주의적으로 묘사하는 조각가로 유명한데, 그 조각의 크기가 실제 사람보다 훨씬 작거나 훨씬 큰 경우가 많다. 〈Boy〉처럼 높이 5미터가 넘는 대형 소년 조각 앞에 서면 관람자는 자신이 축소된 것 같은 느낌을 받는다. 반대로 〈Woman with Sticks〉처럼 작게 만든 인물 앞에서는 마치 거인이 된 듯한 감각에 휩싸인다.

　　이때 뮤익은 별도의 '액자'를 사용하지 않지만, 공간 자체를 하나의 거대한 프레임으로 활용한다. 조각이 놓인 위치, 주변 조명, 벽의 색과 높이, 관람 동선까지도 세심하게 구성되어 있다. 관람자가 어느 지점에 서 있는가, 얼마나 가까이 다가가 있는가에 따라 작품의 해석은 완전히 달라진다. 바로 그 '구도' 자체가 오늘날의 '액자'다. 프리드리히가 황금빛 액자에 종교적 상징을 새겨 넣었던 것처럼, 현대미술 작가는 '공간'이라는 무형의 액자를 세팅해 관람자를 '작품 속'으로 끌어들인다.

　　어떤 면에서는 이처럼 공간 전체를 프레임으로 삼는 방식이 고전적 액자보다 더 관람자의 시선을 통제하고 몰입하게 만드는지도 모른다. 외부와 내부를 구분 짓는 경계가 없을 때, 우리는 오히려 더 적극적으로 '여기가 작품이다'라는 인식의 경계선을 세운다. 결국 '프레임'은 물리적 장치이기 이전에 인식의 틀이며, 우리가 무엇을 '작품'으로 보고 받아들이는지 결정짓는 무형의 안내선이다. 이런 의미에서 론 뮤익의 작품 공간도 또 하나의 '돛'이라 할 수 있다. 전통 액자가 그림에 동력을 부여하듯, 이 거대한 무형의 프레임은 관람자의 감각을 밀어올리는 바람이 되어 우리를 '현실이라는 정박지'에서 떠나 새로운 체험의 항로로 나아가게 한다. 물리적 테두리는 없지만, 오히려 그 빈 프레임이 더 강력한 추동력을 갖는 셈이다.

'닻'과 '돛' 같은 액자 덕분에 나는 그동안 그림의 바다를 자유롭게 항해해왔다. 그러나 배가 언젠가는 항구로 돌아오듯, 액자는 나를 다시 현실로 돌려놓는 기능도 한다. '여기까지만 작품이다'라고 구획 짓는 액자 덕에 관람자와 작품 사이에는 적절한 거리가 생긴다.

"거리를 좀 두고 보자고 말하는 사람은 소위 '관점'을 얻기를 바라는 것이다." 리베카 솔닛은 『멀고도 가까운』에서 이렇게 말했다. 그림 감상도 비슷하다. 일정한 심리적 거리 없이 그림에 너무 밀착해 있으면 전체적인 구도를 놓칠 수 있다. 오히려 경계가 분명할수록 초점을 더욱 선명하게 맞출 수 있다. '제한 속의 자유'라는 말처럼, 어떤 경계가 있기에 그 내부가 무한한 우주처럼 보일 수 있는 역설이 발생하는 셈이다. 결국 액자는 내가 관점을 정립하고 작품에 집중하게 만드는 '덫'이기도 하다. 덫

이란 한번 걸려들면 쉽게 빠져나올 수 없는 장치이듯, 탁월한 액자는 관람자의 시선을 그림 속에 '가둬놓는' 힘이 있다. 적절한 거리에서 작품을 관조할 수 있도록 돕는, 일종의 '즐거운 함정'인 셈이다.

    1998년에 개봉한 영화 〈미술관 옆 동물원〉을 기억하는가. 단발머리 십대 시절, 제목에 이끌려 극장에서 재미있게 봤던 추억이 있다. 미술관 가는 것을 즐기는 여자 주인공 춘희와 동물원을 좋아하는 남자 주인공 철수가 서로에게 물들어가는 과정을 담은 아름다운 멜로 영화다. 이제 오래되어 내용 대부분이 희미해졌지만, 한 장면만큼은 생생하다. 춘희 역의 심은하 배우가 손가락으로 네모난 프레임을 만들어 세상을 보던 모습. 춘희는 한쪽 눈을 감은 채 다른 쪽 눈으로 '프레임 밖'을 응시하며 말한다. "이렇게 세상을 보면 다 의미가 있어 보이고, 특별해 보여." 그때 나는 알아챘던 것 같다. 그녀가 왜 미술관을 사랑했는지를.

굿즈

'패션 독서'라는 말이 유행이다. 이 말에는 독서를 남들에게 보여주기 위한 액세서리 정도로 인식한다는 비판적인 시각이 담겨 있다. 그런데 나는 이 말을 듣고 오히려 반가웠다. 아니, 무슨 불평불만인가! 그런 식으로라도 책을 읽어준다니, 얼마나 귀한 독자인가. 2023년 국민 독서 실태 조사에 따르면, 성인 10명 중 6명이 1년에 책을 한 권도 안 읽는다고 한다. 이 책 읽기 가뭄의 시대에 '패션 독서'라는 말이 생겨났다는 사실만으로도 감사할 일이다.

미술계에도 비슷한 비판이 있다. 진지한 태도로 예술을 탐구하기보다는 'SNS 업로드'를 위해 미술관에 간다는 지적이다. 작품보다 전시 기념품 쇼핑 같은 '잿밥'에 더 관심이 많다는 비판도 덧붙여진다. 하지만 나는 이른바 '허세 가득한' 관람객들이 반갑다. 허세면 어떠한가. 예전 미술관은 난해한 미술 언어를 이해할 줄 아는 '고상한' 사람만 드나드는 딱딱한 공간이라는 이미지가 강했다. 그런데 인증샷을 찍고 SNS에 올리는 문화 덕분에 미술관에 대한 심리적 진입장벽이 훨씬 낮아졌다. 처음에는 작품보다 '셀카 속 예쁜 배경'에만 관심을 둔다 해도, 그렇게 미술관에 드나드는 시간이 쌓이다 보면 어느 날 문득 미술 자체에 깊이 빠져들 수도 있지 않겠는가.

　　전시 기념품 소비도 마찬가지다. 나 역시 그림을 본 뒤 발바닥에 불이 나고 기진맥진해 있다가도, 기념품 숍 앞에 서면 자양강장제를 먹은 듯 갑자기 에너지가 솟구치고 눈에서 빛이 난다. 물건들이 예쁘기도 하지만 무엇보다 미술관에 직접 가서 작품과 마주했던, 기념할 만한 그 순간을 박제할 증표를 찾을 수 있기 때문이다. 도대체 누가 전시 기념품 숍을 찾는 사람은 정작 '염불'에는 관심없다고 단정 짓는 것일까. '염불'했던 시간이 너무 좋아서 그 추억을 물건으로 남기려는 것일 뿐인데. 게다가 이렇게 '인증샷'과 '인증품' 문화는 결코 새로운 현상이 아니다. 무려 18세기 사람들도 똑같았다.

　　안토니오 카날레토(Antonio Canaletto)라는 화가가 있다. 1697년 이탈리아 베네치아에서 태어나 광학 기계를 이용해 마치 사진을 찍은 것처럼 베네치아의 풍경을 세밀하게 그린 화가로 유명하다. 그런데 현재 카날레토의 작품 대부분은 정작 이탈리아가 아닌 영국에 남아 있다. 당대 영국인들 사이에서 그의 그림이 일종의 '인증샷'으로 통했기 때문이다.

　　18세기 유럽, 특히 영국의 귀족과 부유층의 자

녀는 성년이 되기 전에 고대문명의 발상지 이탈리아와 사교 문화의 중심 프랑스를 수년간 여행했다. 이른바 '그랜드 투어'였다. 그 여정의 마지막 코스는 베네치아. 만감이 교차하는 순간, 당시 사람들은 오늘날 우리가 기념 사진을 찍듯 '기념 그림'을 주문했다. 이 기념 그림을 기가 막히게 잘 그린 화가가 바로 카날레토였다. 그는 베네치아 풍경을 파노라마처럼 한눈에 담은 뒤, 의뢰인을 풍경 속에 절묘하게 그려 넣었다. 이런 그림을 전경(view)이라는 뜻의 '베두타(veduta)'라고 부르는데, 도시나 마을의 풍경을 사실적으로 상세히 담는 회화 양식이다. 이 베두타는 여행의 추억을 손안에 쥐고 싶어 했던 사람들이 앞다퉈 찾는 기념품이었고, 회화로 만든 일종의 '여행 인증'이었다. 베네치아에 들른 영국인들은 너도나도 카날레토의 작품을 사서 돌아갔다. 베네치아에 가지 못한 사람들도 카날레토의 베두타를 통해 여행 로망을 품었을 터이니, 마치 오늘날 SNS의 미술관 사진이 새로운 관객을 끌어들이는 것과 닮았다.

이렇듯 SNS를 계기로 미술관에 발을 들인 사람들은 자신만의 '그랜드 투어'를 평생 이어갈지도 모른다. 과거에는 특정 시기에만 그랜드 투어가 가능했다면, 오늘날 우리는 언제든 수많은 미술관을 통해 예술과 만날 수 있다. 그랜드 투어를 추억할 굿즈도 널렸다. 냉장고 자석, 우산, 머그잔, 다이어리, 에코백 등등. 미술관에 걸린 그림을 축소한 고품질 엽서까지 사들일 수 있다. 카날레토의 그림보다 훨씬 저렴한 건 덤이다. 여러모로 '나만의 그랜드 투어'를 차근차근 완성해가는 재미가 있다.

그리고 기념품 숍에서 충동구매했다고 너무 자책할 필요도 없다. 기념품 숍이야말로 미술관에서 가장 중요한 곳이라고 말한 이도 있지 않은가. 이 해괴한(?) 주장을 펼친 사람은 『영혼의 미술관』의 저자 알랭 드 보통이다. 그는 책에 이렇게 썼다.

> 미술관은 기본적으로 예술을 사랑하는 법을 가르치는 곳이 아니다. 미술관은 예술가의 작품을 통해 그들이 사랑했던 것을 우리도 사랑할 수 있도록 격려하는 곳이다.

알랭 드 보통에 따르면, 미술관 관람의 진정한 핵심은 예술가의 눈을 통해 세상을 보고 그들이 사랑했던 것을 세심하게 들여다보는 것이다. 그렇기에 중요한 것은 그 예술가가 좋아했을 법한 물건,

그의 작품세계와 통하는 물건(굿즈!)을 손에 넣는 데 있다. 곰곰이 생각해보면 맞는 말이다. 우리가 미술관에서 길어 올린 교훈들, 즉 아름다움의 의미, 정신의 확장 같은 것들은 미술관을 나오는 순간, 대개 허무하게 사라지고 만다. 하지만 기념품은 미술관에서 느꼈던 감동을 오랫동안 우리 마음속에 머물게 하고, 일상과 부드럽게 이어주는 다리 역할을 한다. 그래서 기념품 숍이야말로 현대 사회에서 예술을 보급하고 이해시키는 전초기지라 할 수 있다.

사실 나에게도 '두고두고 후회하는 굿즈'가 있다. 몇 해 전 아모레퍼시픽미술관에서 열린 특별전 '조선, 병풍의 나라 2'를 보고 깊은 감동에 빠졌다. 오랜 시간 병풍 앞에 멈춰 서서, 화려하면서도 고요한 색과 선 들을 눈속에 꾹꾹 눌러 담았다. 그런데 그 감흥이 너무도 컸던 탓일까, 전시장 끝에 위치한 굿즈 숍에서는 아무것도 살 수 없었다. 거대한 감정을 기념품 하나로 요약할 수 없다는 이상한 허세 같은 것이 작동했나 보다. 동양화를 재해석해 제작한 젤네일 팁이 신기하고 예뻐서 욕심이 났지만 '설거지하다 보면 어차피 다 망가질걸?' 하며 스스로를 타일렀다. 결국 빈손으로 돌아섰고, 후회는 예상보다 오래 남았다. 병풍 앞에서 느꼈던 그때의 감정은 시간이 지날수록 흐릿해졌고, 그 감정을 붙들어줄 작은 물성 하나 없다는 사실이 내내 아쉬웠다. 한동안 손톱이 유난히 허전해 보였던 건 그 때문이었을까?

반대로, 애지중지 아끼는 미술관 굿즈도 많다. 그중 가장 좋아했던 것은 런던 테이트 브리튼에서 구입한 라파엘 전파 엽서 세트다. 그림 한 장 한 장이 마치 작은 유화처럼 인쇄되어 있고, 질감과 색감이 어찌나 고급스러운지 '이건 안 사면 손해야!' 하고 합리화했던 기억이 난다. 한동안 그 엽서들을 차마 누구에게도 보내지 못하고, 작은 서랍에 따로 보관해두었다가 가끔 꺼내어 조심스레 펼쳐보곤 했다. 그러다 이사를 앞둔 어느 날, 친구들에게 짤막한 메시지를 적어 하나씩 선물로 건넸다. 뭐라고 적었더라. "이건 한 계절의 내 감정, 기억, 공기를 너에게 보내는 거야"라고 했던가.

어떤 굿즈는 그 자체로도 예쁘지만, 때로는 아주 실용적인 방식으로 일상에 스며들기도 한다. 국립중앙박물관에서 구입한 윤동주의 「별 헤는 밤」이 새겨진 유리컵이 그렇다. 투명한 컵에 시구와 별이 함께 새겨져 있는 투명한 컵은 단숨에 내 마음을 사로

잡았다. 아침마다 별이 뜬 유리컵에 물을 따르며 하루를 시작하면 왠지 모르게 마음이 고요해진다. 일상이 좀 더 우아해지는 느낌이랄까. 물론 어디까지나 착각일지 모르지만, 바로 그 착각이 예술의 기묘한 효능 아닐까. 예술은 일상의 감각을 미묘하게 틀어주고, 그 작은 틈으로 새로운 감정이 스며들게 하니까. 굿즈를 구입하는 행위는 그 예술의 편린을 우리 손이 닿는 가장 가까운 자리로 옮겨놓는 일이다.

이렇듯 미술관에서 뭔가를 사는 행위는 미술관에서 얻은 감수성을 현실로 '환원'하는 시도다. 그러니 죄책감 따위 가지지 말지어다. 물론 기념품숍에 들어갈 때마다 두려운 것도 사실이다. 이제는 엽서로는 성에 차지 않아서 두툼한 화집을 홀린 듯 쓸어 올 때가 많아서다. 텅 빈 지갑을 보며 한 번씩 후회하곤 하지만, 그래도 꿋꿋하련다. 이런 말도 있지 않은가. '굿즈를 안 사면 후회가 남지만, 굿즈를 사면 후회와 굿즈가 남는다'고. 네, 그렇습니다. 저에겐 그래도 열두 척(?)의 아름다운 굿즈가 남았사옵니다!

지구에 해로운 미술관?

강원도 원주에 있는 '뮤지엄 산'은 이름 그대로 산속에 자리 잡은 미술관이다. 구름 아래에서 산바람을 맞으며 미술작품을 감상할 수 있다니, 이름을 듣는 순간부터 설레었다. 게다가 '건축계의 노벨상'이라 불리는 프리츠커상을 받은 안도 다다오가 총 설계를 맡았다고 해서 기대감은 더욱 컸다.

2015년에 두 살, 다섯 살 두 아이의 손을 잡고 먼 거리를 마다하지 않고 갔던 이유도 단 하나, 삭막한 서울 도심을 벗어나 자연을 선물하고 싶었기 때문이다.

미술관은 근사했다. 건물을 병풍처럼 둘러싼 근육질의 산들, 아이들과 천천히 걸어도 힘들지 않게 조성된 산책로, 미술관을 감싼 투명한 물, 수면에 비친 산 그림자까지. 그날 찍은 사진을 아이들과 함께 보며 두고두고 추억할 만큼 만족스러웠다. 2020년에 한 일간지 기사를 보기 전까지는.

'뮤지엄 산'의 건축 미학을 소개하는 내용이었다. 반가운 마음에 홀린 듯 클릭했다. 코로나19가 한창이던 시기라 아마도 관람객 감소 탓에 쓴 홍보성 기사인 듯했다. '뮤지엄 산' 측이 제공한 사진이 함께 실려 있었다. 미술관을 한눈에 담은 항공사진이었다.

그런데 그 사진을 보는 순간, 아이들과 함께 만든 추억이 눈앞에서 산산조각나는 느낌이었다. 분명 내가 다녀온 곳인데도 너무나 낯설었다. 기사 속 사진은 원주 지정면의 구룡산 자락이 가득 담겨 있었는데, 봉우리 꼭대기에 자리 잡은 미술관의 모습이 어쩐지 섬뜩하기까지 했다. 마치 산의 등뼈를 따라 외과 수술 가위로 도려낸 뒤, 상처를 억지로 벌려 미술관 건물을 끼워 넣은 듯한 모습이었다. 직접 방문했을 때는 실감하지 못했던 건물 형태가 항공사진으로는 한눈에 들어왔다. 미술관 건물은 양 옆으로 뾰족뾰족 날이 서 있어서 마치 주변 나무를 찌르는 모양새였다.

사실 2015년에도 '뮤지엄 산'이 해발 275m 산 정상에 세워졌다는 사실은 알고 있었다. 그 말은 곧 둥글고 완만한 능선을 마구 파헤쳐 7만 1172m^2나 되는 평평한 부지를 조성한 뒤, 시멘트 건물을 세웠다는 뜻이었다. 또 '물을 이용해 건축물 그림자를 드리우는 효과를 중요시한다'는 안도 다다오의 건축 철학도 알고 있었다. 이는 곧 산을 깎고 땅을 판 뒤 일부러 엄청난 양의 물을 끌어와 건물 주변에 채웠다는 의미였다. 역시 늘 다른 시각, 다른 방향에서 생각해봐야 하는데…. 내 깨달음은 늘 뒤늦게 도

착하는 게 문제다.

∗

　기후 위기, 대기와 수질 오염, 자원 고갈, 넘쳐 나는 쓰레기, 산림 벌채와 개발로 인한 생물 다양성 감소…. 이 모든 것이 인류 존속을 위협하는 우리 시대 가장 시급한 과제라는 사실을 모르는 사람은 없다. 그런데 바쁜 일상에 매몰되다 보면 이런 환경 문제가 피부에 거의 와닿지 않는 경우가 많다. 무엇보다 환경까지 신경 쓰는 것은 사실 좀 귀찮은 일이기도 하다. 이 귀찮음은 '과학이 발전하면 미래 세대가 환경 문제도 어떻게든 해결해주겠지'라는 무신경한 합리화로 곧잘 이어진다. 그렇게 무신경했던 사람, 생태 감수성이 제로에 육박하던 이가 바로 나였다.

　2017년, 오스트리아 출신 3인조 그룹 '뉴멘포유즈(Numen/For Use)'의 설치작품을 보러 서울 압구정의 한 미술관에 간 적이 있다. 이들은 관람객이 작품 안으로 들어가 직접 놀 수 있는 거대한 설치물을 만들기로 유명하다. 그들이 미술관 로비에 설치한 반투명 조형물은 마치 스파이더맨이 만든 대형 거미줄 같기도 하고, 거대한 애벌레가 사는 고치 같기도 하다. 실제로 뉴멘포유즈는 거미 같은 곤충들이 집을 짓는 방식을 참고해 작품으로 재현했다고 한다.

하지만 뉴멘포유즈가 유명해진 결정적 이유는 따로 있었다. 이 거대한 통로를 만든 재료가 바로 '3M 스카치테이프'였다는 사실! 2010년 오스트리아 빈에서 시작된 '테이프만으로 사람이 지나갈 수 있는 동굴을 만들겠다'는 이들의 프로젝트는 이후 파리·베를린·스톡홀름·멜버른에서 도쿄에 이르기까지 전 세계를 누볐고, 그때마다 비슷한 작품을 새로 만들며 화제를 모았다. 그리고 2017년, 드디어 서울에 입성한 뉴멘포유즈는 무려 540개의 투명 테이프를 친친 감아 〈테이프 서울〉을 만든 것이다.

남편과 아이들을 이끌고 〈테이프 서울〉 앞에 선 순간, 마치 외계 생명체를 보는 것 같았다. 미술관 측에서는 "테이프로 만든 것이다 보니 네 명씩만 들어갈 수 있다"고 안내했다. 이 말은 우리 가족만 그 안으로 들어갈 수 있다는 뜻이었다. 얼음 통로처럼 보이는 공간 속을 기어 다닌 경험은 신선했다. 한껏 신이 난 나는 SNS에 다음과 같은 글을 올렸다. "테이프 작품이라 출렁거려 스릴 만점", "좁은 통로를 기어가듯 다녀서 땀나고 운동도 된다", "처음엔 무너질까 봐 무서웠지만, 택배 보낼 때마다 느낀 테이프의 위력을 믿는다".

반응은 '신기하다', '재밌는 시도다' 등 호평 일색이었다. "저 정도 크기의 구조물을 만들려면 테이프 수천 롤은 써야 하는 줄 알았는데 540개로도 가능하다니 놀랍다"는 댓글도 있었다. 그런데 맨 마지막 댓글을 본 순간, 김이 팍 샜다. "새롭긴 한데, 쓰레기 걱정이 좀 되네요."

그때까진 전혀 생각하지 못한 관점이었다. 정말 그랬다. 작품을 만들 때마다 썩지도 않을 플라스틱 쓰레기가 엄청나게 쏟아질 터였다. 한번 만든 작품을 다른 장소로 그대로 옮기기도 불가능했을 테니 말이다. 그 사실을 뒤늦게 인지했으면서도 나는 어쩐지 배배 꼬인 마음이었다. '그렇게 따지면 창작 활동을 아예 못 하지. 환경을 위해 가장 좋은 건 인간이 아예 태어나지 않는 거고, 아무런 활동도 하지 않는 거지!' 부루퉁해진 표정으로 대댓글을 달았다. "인간사 살아가는 게 다 그렇죠. 발길 닿는 곳마다 쓰레기를 생산하니까요."

그런데 시간이 지날수록 자꾸 그 댓글이 마음

에 걸렸다. 그리고 나의 뒤틀린 마음이 한 가닥씩 풀리는 것을 느꼈다. 어느 순간 깨달은 것이다. 댓글 속 지적을 인정할 때 나 자신이 감수해야 하는 마음의 불편과 재미의 손실을 감당하기 싫었다는 것. 그래서 플라스틱 쓰레기를 대량으로 생산하는, 지구에 해로운 작품이라는 진실을 손쉽게 외면했다는 것. 결국 그 작품을 깊은 생각 없이 좋아했던 나 자신을 정죄하기가 싫었던 것이다.

*

혹자는 미술에까지 '환경 이데올로기'를 덧붙이냐며 반문할 수도 있다. 하지만 문제는, 우리가 아름답다고 여기는 것이 과연 무엇을 대가로 만들어진 것이냐는 점이다. '뮤지엄 산'이 아름답지 않다는 이야기가 아니다. 〈테이프 서울〉이 예술적 가치가 없다는 것도 아니다. 중요한 것은 이러한 '아름다움'이 자연 파괴와 무분별한 개발, 재활용도 어려운 엄청난 플라스틱 쓰레기라는 '인간 중심적 이데올로기'를 통해 탄생했다는 사실이다. 과연 예술과 환경 파괴는 무관한 것일까? 오히려 '둘은 따로 봐야 한다'는 관점 자체가 더 위험한 '이데올로기'

를 내포하고 있는지도 모른다.

　'뮤지엄 산'을 소개한 기사에서 항공사진을 처음 보았을 때, 한 가지 의문이 들었다. 산의 능선을 훼손한 정황이 분명 담겨 있었음에도, 그것을 왜 '건축 미학'이라는 이름 아래 소개할까. 특히 그 사진을 미술관 공식 홍보 이미지로 사용할 때 환경에 대한 감수성을 충분히 반영한 것인지 되물을 수밖에 없었다. 어쩌면 생태 감수성을 지닌다는 건 언제나 미래의 시점에서 사물을 바라보는 습관을 길러야 가능한 것인지도 모르겠다.

　미술관에 가면 우리는 종종 헐벗은 여성, 장애인을 희화화한 그림, 흑인을 우스꽝스럽게 묘사한 옛 작품을 만난다. 지금 우리 눈에는 '차별적'으로 보이지만, 그것이 그려졌던 당대에는 누구도 문제의식을 갖지 않았을 가능성이 크다. 지극히 정상적이고도 일상적인 그림이었을 테니까. 자연을 볼모 삼아 만들어진 작품과 건축물 역시 마찬가지 아닐까? 지금은 아무렇지 않아 보이지만, 훗날에는 '빌런' 취급을 받지 않을까?

　오랫동안 자아를 성찰하고 타인을 이해하려 노력한 덕에, 예전엔 비장애 백인 남성보다 열등하다고 여겨졌던 여성·장애인·흑인 등 '타자'들이 점차 제자리를 되찾아가고 있다. 이제 그 '타자'의 범위를 생명을 가진 모든 동식물로 확장해, 지구에서 함께 살아가는 동반자로 인정해야 할 시점이 아닌가 싶다. 물론 쉽지는 않다. 고백하자면, 오랫동안 나는 형형색색의 불꽃놀이를 아주 좋아했다. 그랬기에 불꽃놀이 과정에서 배출되는 미세먼지와 발암 물질이 환경에 치명적이라는 사실을 받아들이기 쉽지 않았다. 한때 제주의 '새별오름 들불 축제'를 애타게 기다린 적도 있었다. 어둑한 밤, 산 전체를 태우는 거대한 화염이 장관이라고만 생각했지, 그 안에서 타들어가는 생명은 미처 생각하지 못하던 때였다. 흙에다 시커먼 기름을 먹이고 불을 놓으면 그 안에 살던 곤충, 파충류, 새들이 재앙을 맞는다는 사실은 충격적이었다. 게다가 기후 위기 시대, 산불 피해로 고통받는 나라들이 즐비한데 일부러 산에 불을 놓는 축제라니, 이러나저러나 시대착오적인 이벤트인 셈이다. 이를 깨닫고 사랑했던 들불 축제도 마음속에서 놓았다. 이처럼 말과 행동, 생각을 조금씩 바꿔나가다 보면, 우리는 우리 시대가 필요로 하는 '윤리적 주체'에 조금 더 가까워질 수 있지 않을까.

매일 '다른 존재'의 편에 서서 생각해보기, 미래 세대의 눈높이에 맞춰 주위 살피기, 비판적으로 바라보기. 이 대상에 내가 사랑하는 미술관과 예술작품도 결코 예외가 될 수 없음은 물론이다.

대안으로서의 미술관

에두아르 마네의 1863년 작 〈올랭피아〉를 파리 오르세 미술관에서 직접 본 적이 있다. 침대에 비스듬히 누운 전라의 백인 여성과 꽃다발을 든 흑인 여성이 등장하는 단순한 그림이다. 솔직하게 말하자면, 별다른 감흥이 없었다. 그저 '유명한 그림을 실제로 봤군' 정도의 신기함 정도였달까. 그도 그럴 것이 여성 누드는 서양미술사에서 줄기차게 다뤄진 소재다. 오르세 미술관만 해도 여성 누드화가 지천으로 깔려 있으니, 1865년 파리 살롱전에 출품됐을 당시 〈올랭피아〉가 '도덕적 해이와 성적 타락을 암시한다'며 엄청난 비난을 받았다는 게 오히려 의아했다. 내 눈에는 전혀 도발적으로 보이지 않았기 때문이다. 도대체 어째서 그토록 큰 파문을 일으켰을까?

사실 〈올랭피아〉는 제목부터 논란거리였다. 당시 파리에서 '올랭피아'는 성판매 여성에게 흔한 이름이었다. 보통 누드화는 그리스·로마 신화 속 여신이나 성서의 인물을 빌려 이상화하는 방식으로 그려졌지만, 마네는 당시 파리 뒷골목에서 흔히 마주할 법한 여성을 주인공으로 삼았다. 더 나아가, 주인공이 옷을 벗은 채 관람자를 정면으로 응시하게끔 배치했다. (아마 성구매 경험이 있었을) 관람객들은 무척 거북하고 불편했을 것이다. 더욱이 그림의 표현 양식도 기존 회화 전통과 거리가 멀었다. 마네는 여성의 피부를 마치 오려 붙인 듯 평면적으로 묘사했다. 명암법을 적절히 써서 여체의 볼륨감을 강조하는 것이 당연시되던 시절, 그는 전통적 유화 기법을 노골적으로 거부한 셈이다. 당시 사람들의 눈에는 '완성도가 낮고 조악한 그림'처럼 보였을 것이다.

그렇다면 마네는 왜 이런 과감한 선택을 했을까? 혹시 프랑스 예술계를 지배하던 아카데미의 전통적 미학을 몰랐거나, 단순히 실력이 형편없었던 걸까? 아니다. 마네는 '아카데미가 숭상하는 전통적이고 이상화된 미'에 반발해 의도적으로 고전적 주제와 기법에서 벗어났다. 파리 예술계 한가운데서 반항의 깃발을 들었던 것이다. 이에 대한 반응은 격렬했다. 예술 평론가 폴 드 생빅토르는 〈올랭피아〉를 "매우 이상하고, 역겨울 정도로 인위적인 작품"이라면서, 마네의 표현 양식이 "고전적 아름다움의 기준을 심각하게 위반했다"라고 비난했다. 19세기 프랑스 조각가 루이프랑수아 오브리(Louis-François Aubry)는 "미술사에서 〈올랭피아〉만큼 비웃음과 야유를 산 작품은 없었다"라고 혹평했다. 그럼에도 마네는 〈올랭피아〉를 통해 기존 예술 규범에서 벗어난 '현대적 주제'와 '새로운 표현 양식'을 개척했고, 결국 예술을 새 길로 이끈 혁명가로 인정받았다.

    그렇다면 한때 마그마처럼 끓어오르던 이 작품은 지금 어떤 모습일까. 오르세 미술관에서 마주한 〈올랭피아〉는 정말 그런 일이 있었냐고 되묻고 싶을 정도로 차분하고 얌전해 보였다. 좀 기이했달까. 시간이 지났으니 그조차 '클래식'이 되어버린 거겠지 생각했는데, 현대 작품에서도 비슷한 느낌을 받은 적이 있다. 몇 해 전, 인사동의 한 미술관에서 대규모로 열린 뱅크시(Banksy)의 전시를 찾았을 때였다. 뱅크시는 영국을 기반으로 활동하는 익명의 거리예술가로, 주로 사회적 부조리나 정치적 이슈, 반자본주의적 메시지를 작품에 담는다. 그런데 미술관에서 본 그의 작품들은 묘하게도 '역사적 자료'처럼 보였다. 관객들도 충격을 받기보다는 무심히 지나가며 '아, 이런 메시지구나' 하고 고개를 끄덕일 뿐이었다.

    그렇다. 이것이 바로 미술관의 태생적 한계다. '이제 막 터져 나온 저항정신'도 미술관 문턱을 넘는 순간, 그 본래의 날카로움을 잃기 십상이다. 미술관은 작품을 보호하고 관리하는 제도적 틀이기에 그곳에서 공인된 예술은 관람객과 편안하게 만난다. 하지만 그만큼 도발적 메시지가 중화될 위험도 크다. 때로는 예술가들이 미술관과 손을 잡는 것이 '파우스트적 거래'처럼 보일 때도 있다. 미술관의 권위 속에서 작가의 불온한 목소리가 약화되거나 중립적인 시각으로 해석될 위험이 있기 때문이다. 그렇게나 뾰족했던 〈올랭피아〉도 오르세에 입성하자 완전히 무장해제되었고, 뱅크시의 날카로운 조롱 역시 미술관이라는 '청정지대'에 들어서는 순간 체제가 부여한 권위에 흡수되었듯이 말이다. 오죽하면 '미술관이 예술가를 사랑하는 방식은 박제사가 사슴을 사랑하는 방식과 같다'는 우스갯소리가 생겨났을까.

이소영 작가는 『그림이 더 잘 보이는 미술관 이야기』에서 "미술관이란 여차하면 서늘한 무덤이 될 수 있는 곳"이라고 했다. 그리고 보니 미술관의 외관마저도 묘하게 납골당(?)스럽다. 신전을 닮은 미술관도 많은데, 신전은 제례를 올리는 곳이기도 하다는 점도 왠지 의미심장하다. 그렇다면 예술이 본래 지니고 있던 '펄떡이는 생명력'을 잃지 않으면서 미술관 안에서 살아 숨 쉬게 만들 방법은 없을까? 물론 있다. 앞서 싸늘하게 경고했던 이소영 작가는 사실 이러한 단서를 달았다. "과거가 된 작가의 예술세계를 오늘에도 의미 있는 것이라 설득할 힘이 없다면, 그곳에서 미래를 상상할 여지가 없다면 말이다." 전적으로 동의한다. 우리는 종종 잊곤 한다. 지금 고전이 된 옛 미술도 당대에는 '현대미술'이었다는 사실을. 예술은 언제나 탄생 당시의 시대와 능동적으로 영향을 주고받아왔고, 시대의 문제와 아픔을 어루만지거나 강렬히 폭로함으로써 살아남았다. 그러니 정치·사회적 진공 상태로 남아 있기란 불가능하다.

그런 의미에서 미술관은 '과거 작품'을 핏기 없는 상태로 박제하기보다는, 그 메시지를 오늘날의 맥락에서 되살리고 사회적 변화를 촉구하는 '플랫폼'으로 진화해야 한다. 작품이 가진 목소리를 충분히 살리고 전달한다면, 미술관에 수용되는 과정에서 저항적 예술이 힘을 잃는 딜레마도 어느 정도 해소할 수 있을 것이다. 결국 우리가 미술관을 찾고 옛 작품을 공부하는 것은, 현재 우리의 현실을 돌아보고 더 나은 미래를 꿈꾸기 위해서임을 잊어서는 안 된다. 알랭 드 보통과 존 암스트롱이 공저 『알랭 드 보통의 영혼의 미술관』에서 이야기한 것처럼.

현재 미술관에 수집된 지혜와 통찰은 애지중지 보호하고 미신처럼 숭배할 것이 아니라 관대하게 아낌없이 세상에 퍼뜨려야 한다. (…) 예술을 사랑하는 사람의 궁극적 목표는 예술작품이 조금 덜 필요해지는 세계를 건설하는 것이어야 한다.

왜냐하면 우리가 발붙이고 사는 곳은 다름 아닌 '지금, 바로 여기'이기에.

∗

미술관의 '보수성'을 넘어서려는 시도로, 더욱 실험적인 전시를 진행하는 공간도 있다. 이른바 '대안공간'이라 불리는 곳이다. 대안공간은 주류 미술계의 제도적·상업적 제약에서 벗어나, 정치·사회적으로 민감하거나 비전통적 형식의 작품까지 자유롭게 다룬다. 예술적 자유와 실험성을 중시해 대부분 비영리로 운영되는 것도 특징이다. 주로 신진 작가나 독립 예술가들이 기존의 제도적 틀에서 벗어나 실험적·도전적 작업을 선보이는 장이 되곤 한다. 대안공간 루프, 프로젝트 스페이스 사루비아 등이 대표적 대안공간으로 꼽힌다. 직접 방문해볼 것을 추천한다. 아래는 대안공간들을 소개하는 사이트.

• Alternative Art Guide : 세계 각국의 대안 예술 공간 목록을 제공한다. 나라별 검색이 가능해 특정 지역의 대안 예술 공간을 쉽게 찾아볼 수 있다. 한국의 여러 대안공간도 검색 가능하다.
https://alternativeartguide.com

• 아트맵 : 한국의 전시와 예술 정보를 제공하는 플랫폼. '갤러리' 탭에서 지역별 대안공간 목록을 확인할 수 있다.
https://art-map.co.kr

• 서울아트가이드: 현대미술 관련 전시 정보와 예술 소식을 제공하는 월간 잡지. '색인' 항목에서 전국 대안공간 정보를 볼 수 있다.
https://www.daljin.com

미술관으로 변신한 공간들

지난여름, 딸과 함께 부천으로 향했다. 한때 '삼정동 소각장'으로 불리던 시설이 예술 공간으로 변신했다는 애기를 듣고 호기심이 일었다. '부천아트벙커 B39'가 바로 그곳이다.

1995년부터 하루 200톤의 쓰레기를 태우며 '미운 오리 새끼'로 타박받던 소각장은 건강과 환경을 우려한 인근 주민들의 강력한 항의 끝에 2010년 5월 폐쇄되었고, 8년 뒤 복합문화공간으로 새롭게 태어났다. 이 문화공간은 지하 바닥에서부터 천장까지의 높이가 무려 39미터에 달해 '부천아트벙커 B39'라는 이름을 갖게 되었다.

거대한 쓰레기 소각장이 미술관이 되다니! 호기심을 가득 품고 찾아간 그곳은 예상과 달리 묘한 숭고함을 풍기고 있었다. 회색 벽을 손으로 쓸면 아직도 그을음이 묻어날 듯했고, 좁고 긴 구조가 뿜어내는 특유의 압도감은 마치 오래된 수도원을 연상시켰다. 한때 인간의 욕망이 남긴 잔해를 불태우던 소각장이 이렇게까지 종교적인 분위기를 자아낼 줄이야. 초등학생 딸은 이곳의 '전직(前職)'을 모른 채 그저 '멋지다!'는 감탄사만 되풀이했다. 탁 트인 공간이 시원하게 느껴진다며 말이다.

내가 미술관을 사랑하는 이유 중 하나는 이처

럼 독특한 과거를 간직한 '사연 많은 공간'이 종종 존재하기 때문이다. 프랑스 파리의 오르세 미술관은 1900년 세계박람회 수요에 맞춰 지어진 기차역이 1973년 폐역된 뒤 사실상 용도 폐기되었다가 극적으로 미술관으로 거듭난 대표적 사례다. 오르세 내부를 거닐며 '지금 내가 딛고 있는 바닥에는 한때 레일이 깔려 있었겠지. 그림이 걸려 있는 저 벽 너머로 증기기관차가 흰 연기를 뿜으며 시끄럽게 달려왔을지도 몰라'라고 상상했던 기억이 생생하다.

99미터 높이의 굴뚝이 우뚝 솟아 있는 독특한 외관으로 유명한 영국 런던의 테이트 모던 미술관은 한때 화석연료 발전소였다. 발전소 시절의 거대한 터빈이 그대로 남아 있는 넓은 홀은 이제 초대형 설치미술 작품들을 위한 공간이 되었다. 중국 상하이의 '1933 라오창팡(老场坊)'은 그중에서도 가장 파격적 과거를 품고 있다. 이곳은 한때 도축장이었다. 소의 비명이 끊임없이 울리던 공간이 어느 날 예술 공간으로 뒤바뀐 것이다. 아직 직접 가보진 못했지만, 사진과 자료 그리고 다녀온 이들의 증언을 통해 접한 이 공간은 유독 오래 기억에 남는다. 1933년에 지어진 이 건물은 아르데코 양식의 흔적이 남은 외관과 곡선으로 휘어진 복도, 층층이 얽힌

다리와 계단 등으로 이루어져 있는데, 그 독특한 구조는 사실 도축의 효율성을 높이기 위해 고안된 것이었다고 한다. 지금은 그 통로를 따라 관람객들이 전시 작품을 감상하거나 커피를 마시며 걷지만, 불과 수십 년 전만 해도 소와 돼지들이 마지막 발걸음을 디디던 공간이었다.

    사진으로 본 내부는 고요하면서도 장엄했다. 햇빛이 길게 스며드는 회색 복도는 성소처럼 보이기도 했고, 콘크리트 벽면은 아직도 피 냄새를 품고 있을 것만 같았다. 나는 그 이미지들을 보며, 예술이 어떻게 불편한 과거를 지우지 않고도 새로운 감각과 의미를 덧입힐 수 있는지를 실감했다. 그곳에서 예술은 단순히 아름다움의 언어가 아니라, 잊히기 쉬운 기억과 감정의 지층 위에 새 생명을 불어넣는 도구처럼 느껴졌다.

    폐역이 된 기차역, 노동자의 발길이 끊긴 공장, 문을 닫은 발전소, 심지어 쥐들이 들끓던 도살장까지도 예술의 전당으로 '환골탈태'할 수 있다니, 얼마나 매혹적인가. 단지 '건축적 리모델링'이 아니라, 공간의 의미 자체가 완전히 새롭게 정의되는 이야기는 재투성이 신데렐라가 화려한 공주로 변신하는 서사 못지않게 극적이다.

아마 그래서 나도 용기를 낸 것인지 모르겠다. '내 인생도 이들 미술관처럼 다시 태어날 수 있을까?' 한때 나는 조직에서 별다른 주목을 받지 못하던 일간지 기자였다. 취재거리를 찾아 헤매며 그날그날 기사 마감에 쫓겼다. '내일은 또 무슨 기사를 써야 하나?'라는 압박감이 늘 어깨를 짓눌렀다. 하루 단위로 살아가려니 숨이 가빴다. 마치 밑 빠진 독에 물 붓기를 반복하던 콩쥐의 심정이랄까.

어느 날, '이대로는 안 되겠다'는 절박감이 들었다. 머릿속에서 사이렌이 사정없이 울려댔다. 나는 다른 인생을 살고 싶었다.

그러던 중 문득, 그림이 떠올랐다. 대학에서 역사를 전공한 나는 역사란 결국 사람들이 살아온 이야기의 기록이라는 사실을 다시 떠올렸다. 기자가 되고 싶었던 이유도 우리 시대 사건들을 기록하고 알리는 일에 매력을 느껴서였다. 내게 기사를 쓰는 일은 역사를 기록하는 것과 다름없었다.

그림 또한 탄생 당시의 사회상과 역사를 그대로 품고 있다. 그렇기에 동시대 사람은 그림이 담고 있는 의미를 직관적으로 알아챌 수 있다. 하지만 세월이 흐르면서 그 그림을 둘러싼 '사회적 맥락'은 쉽게 잊히곤 한다. 그 의미를 찾아서 전하는 일은 어찌 보면 기자로서 해온 일과 크게 다르지 않을 것 같았다. 그런 깨달음 덕분에 나는 퇴근 후 새벽까지, 혹은 쉬는 날을 반납하며 글을 썼다. 그렇게 나는 '작가'라는 새로운 이름을 얻을 수 있었다.

　다시 돌아보면, 부천아트벙커 B39는 한때 '쓸모없는 것들'을 태워 없애던 공간이었다. 그러나 내가 찾아갔을 때는 불길이 사라진 바로 그 자리에 새로운 창조를 꽃피우고 있었다. 마치 '우리 삶도 재탄생할 수 있다'고 말해주는 것 같았다.

　누구나 살면서 여러 번 '끝'을 마주한다. 어떤 이는 퇴직이 그 끝일 것이고, 또 다른 이는 사업 실패나 나이 듦이 그럴지도 모른다. 하지만 재로 뒤덮였던 소각장, 쇳내 풍기던 공장, 피가 튀던 도축장이 예술 공간으로 거듭났듯, 우리 삶도 새로운 길을 찾을 수 있다. '잉여 기자'였던 내가 '취재하듯 글을 쓰는' 작가로 새 커리어를 찾은 것처럼.

　어쩌면 누구나 자기만의 미술관을 마음속에 품고 살아가는지도 모르겠다. 유년 시절의 꿈, 첫 실패의 기억, 사랑과 상실의 흔적까지 그 모든 삶의 파편이 차곡차곡 전시되어 있는 내면의 공간. 때론

먼지만 쌓인 채 오랫동안 닫혀 있던 그 방을 우리는 스스로 들여다보지 않을 때가 많다. 하지만 어떤 계기만 생긴다면, 그 방은 다시 열릴 수 있다.

    예술이 시간을 품는 그릇이라면, 인생은 끊임없이 형태를 바꾸는 조형물일지도 모른다. 쓰임을 다했다고 여긴 순간이 실은 새로운 용도의 시작이었음을 나중에서야 깨닫게 되듯이. 공간도, 사람도 의미를 잃지 않는다. 단지 새로운 방식으로 재정의될 뿐이다. 만일 우리 삶도 미술관처럼 다시 쓰일 수 있다면, 우리는 그 안을 어떤 이야기와 전시로 채울 수 있을까.

조금 더 다정한 미술관

미술관과 박물관에 갈 때마다 의도치 않게 나 자신의 무식함(?)을 새삼 확인하곤 한다. 전시된 작품의 제목을 보는 순간부터 자괴감이 덮친다. 예를 들어 국립중앙박물관에 소장된 국보 제170호 백자청화매조죽문유개호(白磁 靑畵梅鳥竹文 有蓋壺)를 보자. 분명히 한글로 읽었는데, 무슨 말인지 도통 아리송할 뿐이다. 어디서 끊어 읽어야 할지도 헷갈린다. 한자를 기계적으로 한글로만 바꿔놓았기 때문이다. 내 당혹감은 병기되어 있는 영어 제목을 보고서야 풀렸다. White Porcelain Lidded Jar with Plum, Bird and Bamboo Design in Underglaze Cobalt Blue. '아, 코발트블루 빛깔의 매화·새·대나무 그림이 그려진, 뚜껑 달린 백자 항아리구나!' 영어 제목이 더 쉽고 명쾌하다니, 이게 무슨 일인가 싶다. 여기는 미국이 아니라 대한민국인데.

미술관도 사정은 다르지 않다. 관람 시작부터 시련이 닥친다. 입구에 들어서면 가장 먼저 마주치는 것이 '큐레이터 노트' 같은 전시 소개글인데, 이런 식이다. "다양한 오브제들로 인벤토리를 만들고 (…) 파편화된 시퀀스를 따라 정동의 감쇠를 감지하며 (…) 얼터모던의 시대를 투영한다." 앞에서 '영어 제목이 더 쉽다'고 했던 말 취소. 영어도 어렵다.

내가 겪은 이 곤혹스러움과 그로 인한 위화감, 괴리감, 이질감은 아마 대부분의 관람객이 느껴봤을 감정일 것이다. 마치 철학과 세미나실에 잘못 들어온 이과생처럼, 익숙한 말인데 아무것도 모르겠는 그런 기분이랄까. 결론적으로 '그들만의 언어'를 쓰는 곳에 잘못 찾아왔다는 느낌이 드는 것은 미술관과 박물관 입장에서도 썩 좋은 신호는 아닐 것이다. 그러므로 이 글은 관람객의 한 사람으로서 건네는 조금 더 다정하고 친근한 미술관과 박물관이 되어달라는 일종의 주문이자 부탁이다. 관람객이 없다면, 미술관은 결국 비싼 창고로 남을 테니까.

    물론 전문성 있는 문체와 용어를 전부 없애자는 뜻은 결코 아니다. 전문적인 글은 작품을 둘러싼 비평적·분석적 메시지를 전달하려는 고유의 목적도 있기 때문이다. 용어가 어렵다고 무작정 삭제해 버리면 미술관이 추구해온 학술적·비평적 역할이 무색해질 수 있다는 우려도 있다. 또한 어떤 전시에서는 '형식주의', '추상 표현주의' 같은 전문 개념 자체가 작품 이해의 핵심 키워드일 수도 있다. 이럴 때는 전문적인 비평 용어 자체가 곧 전시의 일부인 셈이다.

    그렇지만 '삼양동 유적에서 출토된 옥환(玉

環)' 같은 표현은 어떤가. 옥환 대신 '옥으로 만든 고리'라고 하면 간단할 것을, 옛말을 고집하느라 '언어 비용'을 한껏 치른 대표적 사례다. 모든 작품마다 일일이 의미를 풀어쓰라는 말은 아니다. 다만, 비평적 수준을 유지하면서도 일상 언어로 풀어낼 수 있는데도 '관성적으로' 어려운 말을 쓰는 것은 관람객과 예술품 사이에 높은 벽을 세우는 행위라는 점을 지적하고 싶을 뿐이다.

사실 '쉽게 읽히는 글'에 대한 세간의 오해가 있다. 이 말은 '수준이 낮다'거나 '학문적이지 않다'는 의미와는 상관이 없다. 어려운 단어 없이도 감동과 깨달음을 전할 수 있고, 오히려 더 강한 울림을 주는 글이 있다. 관람객의 시간과 주의를 '덜 낭비하게' 해주고, 그들의 머릿속에 메시지를 '선명하게 새겨주는' 글이야말로 글쓰기의 본질이 아닐까. 다시 말해 큐레이터가 더 쉽게 읽히는 글을 쓰는 것은 미술관과 박물관까지 찾아온 관람객들에 대한 배려일 뿐 아니라 자신의 생각을 일관성 있게 정돈할 수 있는 과정이라는 점에서 스스로를 돕는 행위이기도 하다.

그런 의미에서 지난 2022~2023년 서울시립미술관에서 열린 '키키 스미스: 자유낙하'전은 인상적이었다. 기존 작품 설명 패널 옆에 쉬운 표현으로 바꾼 패널이 함께 걸려 있었던 것이다. 이 '쉬운 표지판'은 정보 약자의 알 권리를 위해 발달장애인의 검수하에 완성되었다고 한다. 마찬가지로 2024~2025년에 진행된 대전과학예술비엔날레 스핀오프 전시 '너희가 곧 신임을 모르느냐'도 '어린이를 위한 쉬운 작품 표지판'을 병행 설치했다. 공공기관이 앞장서서 '문화를 향유할 기회를 확대'하기 위해 움직이고 있다는 점이 참 반가웠다. 사립 미술관과 박물관도 이 같은 흐름에 적극적으로 힘을 보태면 좋겠다.

*

사실, 고압적이지 않은 예술을 위해 관람객과 접촉면을 넓히려고 노력한 예술가 그룹이 예전에도 있었다. 1870년 결성해서 1923년 마지막 전시를 갖기까지 무려 52년간 활동했던 러시아 이동파(移動派)가 그들이다. 이동파는 모스크바와 상트페테르부르크 등 대도시 중심의 전시에서 벗어나, 노브고로드·카잔·니즈니노브고로드 등 소외된 지방 도시들을 직접 찾아다니며 전시했다. '움직이는 미술관'이랄까. 그들의 이름이 '이동파'인 이유다. 당시 미술관이 주로 상류층을 위한 공간이었던 만큼, 이동파는 예술을 귀족과 부자 들의 전유물이 아닌 모든 이를 위한 것으로 확산시키고자 했다. 일종의 미술계 브나로드('민중 속으로'라는 뜻의 러시아말)운동이었던 셈이다.

'움직이는 미술관'이라는 개념은 오늘날에도 여전히 유효하다. 미술관은 더 이상 '찾아가는' 관람객만을 기다리지 않는다. 국내에서도 이동형 갤러리, 찾아가는 전시, 이동 트럭 갤러리 등 다양한 이름으로 문화 소외 지역이나 접근성이 떨어지는 공간에 직접 작품을 들고 찾아가는 시도들이 이어지고 있다. 대형 트럭 내부를 전시실로 개조하거나, 폐교나 마을회관을 임시 미술관으로 활용하는 경우도 있다. 생애 처음 미술관을 접하는 어린이들이 바로 그 이동식 전시 트럭 앞에서 눈을 반짝인다는 이야기를 들으면 괜히 마음이 뭉클해진다.

미술관은 본래 '움직이지 않는 공간'의 상징이었다. 한자어 그대로 '아름다움을 담는 집'이었고, 도심 한복판에 단단히 고정된 채 세련된 건축물로 서 있었다. 그러나 시대가 바뀌면서 예술은 이제 '움직이기' 시작했다. 작품만 이동하는 것이 아니라 예술의 방향 자체가 이동하고 있다. 더 많은 사람, 더 먼 지역, 더 다양한 감수성을 향해 말이다.

    나는 아직 '찾아가는 미술관'을 실제로 본 적이 없다. 하지만 어쩌면 그것이야말로 미술관이 진짜로 움직이고 있다는 증거일지도 모르겠다. 그 자리에 있지 않으면 볼 수 없고, 그 움직임을 맞이한 이들만이 경험할 수 있는, 어쩌면 가장 '현대적인' 미술관.

    혹자는 '21세기 대한한국에서는 굳이 작품을 들고 지방을 전전할 필요는 없다'라고 주장할지 모른다. 이미 전국 곳곳에 훌륭한 미술관들이 세워져 있으니 말이다. 그러나 관람객과 물리적 거리가 가까워졌다고 해서 심리적 거리까지 저절로 해소되는 것은 아니다. 영국의 그래피티 아티스트 뱅크시의 "요즘 미술관은 소수의 부자들만을 위한 보물창고다. 그리고 미술관 속 관객들은 단지 스쳐 가는 이방인일 뿐이다"라는 일갈이 괜한 말이 아니다. 그런 의미에서 최근 여기저기서 시도되는 '쉬운 작품 해설판' 도입은 '21세기 한국판 브나로드운동'으로 불릴 만하다. 좀 더 많은 이가 작품을 제대로 감상하고, 미술관과 관람객 사이의 심리적 거리를 좁히는 가장 효과적인 방법이기 때문이다.

    물론 '쉬운 해설'이 모든 걸 해결해주진 않는다. 하지만 작품 앞에서 머뭇대는 누군가에게 조금 더 다정한 문장이 먼저 손 내밀어준다면 이야기는 달라질 수 있다. 누군가의 마음속에 예술이 들어갈 작은 틈, 조용히 문 하나를 열어주는 일이 얼마나 큰 역할을 할 수 있는지는 우리 모두 어렴풋하게나마 알고 있다. 작품과 관람객 사이의 거리를 단 1cm라도 좁히는 일, 바로 거기서부터 새로운 감동이 시작되기에.

일상에서 아름다움을 발견하는 연습

"나는 대리석 속에 갇힌 천사를 보았고, 그가 나올 때까지 돌을 깎아냈다."

이탈리아의 조각가이자 화가 미켈란젤로(Michelangelo Buonarroti)가 자신의 작업 과정을 설명하며 한 말이다. 이미 대리석 속에는 완성된 형상, 즉 천사가 존재하고 있었고, 자신은 그저 천사가 아닌 부분만 파냈을 뿐이라는 얘기다.

이 말이 주는 놀라움은 단순한 수사적 표현을 넘어선다. 조각가를 단순한 창조자가 아니라, 돌 속에 갇혀 있는 아름다움을 끄집어내어 자유를 부여하는 '해방자'로 바라보게 만들기 때문이다. 이 말을 접한 뒤로 미술관에서 마주하는 조각상 하나하나가 예사롭게 보이지 않았다. 내 눈앞의 조각상을 만든 작가 역시 어딘가에서 여러 종류의 돌을 손끝으로 쓰다듬다가 그 안에 아름다움을 간직한 단 하나의 돌을 찾아냈을 터. 그저 돌덩이에 불과했던 것이 아름다운 조각상으로 바뀌는 순간을 떠올리자, 어쩌면 내 일상에도 여전히 '잠들어 있는 아름다움의 순간'이 많을지 모른다는 생각이 들었다. 그렇다면 나는 언제, 어떤 방식으로 내 삶에 잠재되어 있는 아름다움에게 자유를 부여할 수 있을까? 무엇보다 처음부터 거기에 있었을 아름다움을 발견하는 능력은 어떻게 기를 수 있을까?

　　아이가 어린이집에 다닐 적, 하원 길은 내게 천릿길처럼 느껴지곤 했다. 집까지의 거리는 700미터 남짓. 어른 걸음으로 10분이면 충분했지만, 아이 손을 잡고 걷다 보면 40분이 넘게 걸렸다. 아이의 짧은 보폭 때문만은 아니었다. 무엇보다도 아이의 눈길을 끄는 호기심거리들이 길가 곳곳에 가득했다. 아이는 몇 걸음 가다 말고 길가에 쪼그려 앉아 무엇인가를 뚫어져라 들여다보곤 했다. 어느 날은 개미의 움직임을 좇았고, 또 어느 날은 바람에 뒹구는 요구르트병을 보고 까르르까르르 웃었다. 구름 모양이 물고기처럼 보인다고 말해준 것도, 아스팔트 틈새를 비집고 고개를 내민 민들레를 가장 먼저 찾아낸 것도 아이였다. "엄마, 이건 봄이야." 고사리손이 가리킨 곳을 눈으로 따라가다 노랑 민들레를 발견한 순간, 내 가슴은 얼마나 뛰었던가. 그 한마디가 회색빛 골목길을 온통 화사하게 바꿔놓았던 기억이 생생하다. 물론 얼른 집에 들어가 쉬고 싶어서 아이를 재촉한 날도 많았지만, 아이 덕분에 일상의 소소한 아름다움을 알아차릴 수 있었다. 솔직히 매일 오가면서 단조로워 보이기만 했던 이 골목길이 이리도 다채로운지 몰랐다. 나의 눈을 틔워준 것은 바로 일상이 내보여주는 아름다움에 열렬히 화답하곤 했던 아이의 태도였다.

    미술관에 가면 이 같은 아이의 태도로 아름다움을 찾아 그림을 그린 작가들의 작품을 만날 수 있다. 그런 의미에서 내게 미술관이란 아름다움으로 가는 길을 열어주는 '초청자'다. 오스트리아 빈의 알베르티나 미술관에는 독일 화가 알브레히트 뒤러(Albrecht Dürer)가 1503년에 그린 〈커다란 잔디〉가 소장되어 있다. '풀 수채화'라고도 불리는 이 작품을 볼 때마다 나도 모르게 입꼬리가 올라가곤 한다. 그가 키 작은 풀을 그리기 위해 바닥에 납작 엎드린 장면이 눈앞에 생생하게 그려져서다. 이 그림의 눈높이는 매우 낮다(인터넷으로 확인해보시라!). 위에서 내려다본 인간의 시점이 아니라, 땅을 기는 곤충의 눈높이로 잔디밭 속 소우주를 세밀하게 포착한 것이다. 뒤러와 비슷한 시기를 살았던 우리나라의 신사임당이 그린 〈초충도〉도 마찬가지다. 신사임당은 하찮게 여겨졌던 잡초와 벌레도 그냥 지나치지 않고, 그것의 아름다움을 기어코 찾아내어 화폭에 남겼다. 작은 풀잎 하나, 여린 곤충 하나도 오래 애정을 담아 관찰했기에 가능한 일이었다. 역시 아름다움이란 늘 우리 주변에 존재하지만, 찾고자 하는 사람에게만 그 자태를 드러내는 법이다.

이런 의미에서 미술관은 아름다움을 발견할 수 있도록 나를 북돋아주는 '조력자'다. 가끔 그림 앞에 서서 상상해본다. '만일 내가 이 그림 속 공간에 들어가면 어떤 소리가 들릴까?', '이 풍경의 공기 냄새는 어떨까?' 그렇게 생각하는 순간, 밋밋하던 그림이 갑자기 오감을 자극하며 나를 흔든다. 어느덧 나는 뒤러의 풀숲에 엎드려 바람에 흔들리는 잔디를 바라보고, 그 밑을 꼬물거리며 지나가는 작은 벌레를 눈으로 좇고 있다. 아름다움을 발견하는 하나의 통로인 셈이다. 예술을 감상하는 태도는 그래서 삶을 감각하는 태도와 다르지 않다. 우리는 모두 나름의 방식으로 자기 삶을 조각하는 조각가다. 단지 무엇을 깎아내야 할지 아직 보이지 않을 뿐. 그렇기에 그림을 오래 바라보는 그 순간은 단지 '그림을 보는 시간'이 아니라, 나 자신의 세계를 조율하는 시간이 되기도 한다. 미술관은 그런 태도를 연습하게 해주는 고요한 운동장이자, 잊고 있던 감각을 되살리는 작은 숲이다.

일러스트레이터 유희진은 에세이집 『이렇게 이상한 사랑은 처음이야』에 아래와 같이 썼다.

> 아주 잘 지내지 못할 때조차 잘 지내는 것처럼 보이는 게 싫어서 며칠간 아무것도 안 그려봤다. 그랬더니 정말 아무것도 없더라. 집게로 골라내듯이 오늘의 작은 기쁨을 뽑아서 기록하는 일. 하루 24시간 중 단 몇 초의 순간을 그날의 전부인 것처럼 쓰는 일. 그리고 진창에서 건져낸 보석을 더 잘 보이게 진열해온 과정은 저절로 되는 게 아니라 단련의 결과였다.

그렇다. 아무리 진흙탕 같은 일상이라도 그 안에는 분명 반짝이는 순간이 있다. 그것을 잡아내 깨끗이 닦아낸 후 작품으로 빚어내는 것은, 잘 지내는 것처럼 '보이는' 게 아니라 그 자체로 '잘 지내는' 일이다.

'잘 지내기 위해' 나는 오늘도 미술관에서 좋은 작품들을 만나며 내 눈과 생각을 훈련한다. 그 과정에서 자라난 근육으로 내 곁에 숨어 있던, 그래서 전에는 쉬이 놓치곤 했던 작은 아름다움을 발견해본다. 아침 햇살에 반짝이던 머그잔 속 김, 여름밤

모깃불 옆으로 퍼지는 촉촉한 공기, 귓가에 엷게 맴돌던 누군가의 콧노래…. 오늘 내가 발견한 이 아름다움은 대리석 속에 잠들어 있던 천사처럼 내 삶 속 어딘가에서 오래전부터 나를 기다리고 있었는지도 모른다. 이제는 내가 그 아름다움을 드러낼 차례다. 내 마음속 미술관에 뿌듯하게 전시할 그날을 위해 망치를 들고, 조심스럽게, 그러나 확신을 가지고.

삶의 마지막 페이지

그 그림은 마치 뒤틀린 창자 같았다. 도대체 뭐 이런 그림이 다 있나 싶어 가까이 다가가 보니 세상에나, 35마리의 초록뱀이 뒤엉켜 있었다. 창자든 뱀이든 섬뜩하긴 매한가지. 제목을 확인해보니, 너무도 담담한 나머지 단정한 느낌마저 주는 이름 〈생태〉였다.

　이 그림은 천경자가 스물일곱 살이던 1951년, 한지에 그린 작품이다. 그로부터 50년이 흐른 뒤, 나는 서울시립미술관 천경자실에서 이 그림과 처음 마주했다. 복도를 따라 깊숙이 들어가야 만날 수 있는 그 방은 마치 작은 성소처럼 적막했다. 천경자실은 미술관의 복잡한 흐름과는 약간 분리된 공간에 있었다. 문을 열고 들어가면, 누군가의 삶 속으로 들어선 듯한 묘한 긴장감이 돌았다. 전면엔 천경자의 작업실을 재현한 커다란 사진이 걸려 있었고, 벽면을 따라 그녀의 그림들이 차분히, 그러나 강렬하게 시선을 끌고 있었다. 내부는 너무 고요해서 나도 모르게 숨을 죽이게 되었다. 그렇게 조용한 공간 한가운데, 유독 시선을 끄는 그림이 있었다. 어딘지 모르게 불편한 기운을 풍기던 그 그림 앞에 다가섰다. 당시 대학생이었던 나는 '왜 하필 뱀이지? 여성이라서 성경 속 이브를 의식한 건가?'라고 추측해

보다가 어쩐지 소름 끼치는 느낌에 서둘러 자리를 떴던 기억이 난다. 그림의 의미는 미스터리로 남겨둔 채.

그런데 그림의 의미를 몰랐던 것은 뱀을 그리고 있던 이십대의 천경자도 마찬가지였다. 그녀에게도 〈생태〉는 완벽한 미스터리였다. 이 작품의 운명이 어찌 될지, 자신의 그림 인생이 어떻게 전개될지 모든 것이 짙은 안개 속에 가려져 있었지만, 그럼에도 그녀는 그저 그리고 또 그렸다. 그릴 수밖에 없었던 것이다.

*

언젠가 강연 후 이런 질문을 받은 적이 있다. "빈센트 반 고흐, 이중섭, 프리다 칼로… 왜 예술가들은 하나같이 삶이 힘들었나요? 불행해야 예술혼이 더 아름답게 피어나는 건가요?" 나는 반 고흐의 말로 답을 대신했다. "정상성(normality)이란 포장된 도로와 같다. 걷기엔 편할지 몰라도 꽃은 자라지 않는다."

답은 그렇게 했지만, 마음속으론 여전히 가혹하다고 느꼈다. 걷기 불편할 정도로 울퉁불퉁한 자갈길도 신나게 걸을 수 있다. 이 길에 꽃이 필 거라는 확신이 있다면! 하지만 대체 언제 그 꽃이 필지 확신할 수 없다는 데 인간의 고통이 있다. 고통의 이유를 알지 못하는 것만큼 더 고통스러운 일이 있을까? 무차별적으로 들이닥치는 시련의 이유를 안다는 것은 시련의 의미를 아는 것이다. 의미를 안다면야 괴로움쯤 기꺼이 감내할 수도 있다. 하지만 인생의 아이러니는 고통의 의미를 깨닫는 순간이 너무 늦게 온다는 데 있다. 마치 문제집의 해답이 맨 뒤에 붙어 있듯, 삶의 진짜 의미도 마지막 페이지에 다다라서야 보인다. 지금은 몰라도, 결국 우리는 언젠가 무릎을 치게 된다. '아, 그랬던 거구나.'

미술관에는 이미 인생의 마지막 페이지를 넘기고 뒤표지까지 닫은 예술가들의 작품이 걸려 있다. 하지만 우리가 접하는 건 대개 그들의 생애 말기에 그려진 소수의 작품만이 아니다. 아직 답을 찾지 못한 채 인생이라는 망망대해에서 표류하던 순간에 작가가 남긴 수많은 흔적도 함께 전시된다. 나는 그 앞에 서서 어떤 미래가 닥칠지 모르는 채 붓을 쥐고 있는 순진무구한 눈빛의 그들을 상상해보곤 했다. 예컨대 영국 내셔널 갤러리에는 빈센트 반 고흐의 1888년 작 〈해바라기〉가 걸려 있다. 태양을 닮은 커다란 해바라기가 캔버스를 가득 채운 눈부신 그림이다. 이 그림을 그릴 당시, 반 고흐는 프랑스 아를에서 화가 폴 고갱(Paul Gauguin)을 맞이할 준비를 하고 있었다. 이미 숱한 실패를 겪은 그는 고갱과 함께 만들 화가 공동체를 돌파구로 삼고 있었다. 미래에 대한 기대와 고갱을 환영하는 마음을 담아 붓에 노란색 물감을 듬뿍 묻혔을 그 순간, 반 고흐는 몰랐다. 곧 고갱과 격렬하게 다툴 것이고, 끝내 자신의 귀까지 베는 극단적 선택을 할 거라는 사실을. 하지만 미술관에서 이 그림을 보는 우리는 안다.

국립현대미술관 청주관에 전시되어 있는 이중섭의 〈부인에게 보낸 편지〉 또한 마찬가지다. 한국전쟁 중이던 1952년 아내와 두 아들을 일본으로 보낸 그는 "곧 다시 만나서 온 가족이 함께 행복하게 살자"며 약속 중이다. 여백에는 애끓는 그리움을 담아 아내와 아이들을 한꺼번에 부둥켜안은 모습도 그려 넣었다. 당시의 그는 알지 못했지만, 지금 우리는 안다. 그는 결국 아이들이 다 큰 모습도 보지 못한 채 숨을 거둘 것임을.

미국 샌프란시스코 현대미술관을 방문한다면, 멕시코의 화가 프리다 칼로(Frida Kahlo)와 디에고 리베라(Diego Rivera)가 손을 맞잡고 있는 그림 〈프리다와 디에고 리베라〉 앞에 서보자. 결혼 2년 뒤 완성된 이 그림에서 둘은 '코끼리와 비둘기의 결합'이라는 주변의 놀림에도 아랑곳하지 않는 모습이다. 소아마비, 치명적인 교통사고 등 온갖 고난을 겪은 프리다는 이제 사랑하는 사람 곁에서 비로소 편안함을 찾을 수 있으리라 믿었다. 그녀는 머리 위에 두루마리 띠(Banderole)를 물고 있는 새를 그린 뒤 이렇게 적었다. "여기, 나 프리다 칼로와 내가 사랑하는 남편 디에고 리베라가 함께 있다…." 그림 속에서 디에고 쪽으로 다정히 고개를 기울이고 있는 프리다는 몰랐던 것이다. 자신 있게 '사랑하는 남편'이라고 적었던 디에고가 이후 끊임없이 여성 편력을 일삼고, 심지어 자신의 여동생과도 불륜을 저지를 것이라는 미래를.

내가 어릴 적 접한 미술 교과서나 역사책은 위대한 화가와 각 분야의 거장 들을 마치 다른 차원에서 온 사람처럼 소개하곤 했다. 넘치는 재능으로 역사에 남는 대작을 그린 '천재', 인류가 탄생시킨 위대한 '기념비' 같은 존재처럼 말이다. 하지만 미술관은 '죽기 전에 꼭 봐야 할 위대한 작품' 같은 유의 책 속에 엄격, 근엄, 진지한 모습으로 박제된 그들을 따뜻한 피가 도는 사람으로 호출해내기도 한다. 그들이 지나쳐온 긴 인생의 '한순간'을 미술작품을 통해 목격할 수 있기 때문이다. 그렇게 우리는 미술관에서 사랑하는 사람 때문에 애를 태우고, 시대의 흙바람에 한없이 무기력하게 휘둘리고, 어떤 평가를 받을지 몰라도 묵묵히 그림을 그린 한 명의 인간을 본다. 거친 자갈길 같은 생에 기꺼이 몸을 던져 살아간 화가들의 한 시절을 말이다.

그림 속 그들은 과연 이 선택이 옳은지, 어떤 결말이 기다리는지 몰랐음에도 발걸음을 내디뎠다. 대본대로 움직이는 꼭두각시가 아니라 생생히 살아 있는 한 인간이었기 때문이다. 우리가 알다시피, 그들은 마침내 비포장도로에서 예술이라는 꽃을 피워냈다. 그렇게 '모름'의 미래를 향해 현재의 삶을 밀고 나갔던 그 시절 대가들을 미술관에서 만나면서 나는 배웠다. 지금의 내가 미래의 나를 결정한다는 것, 내 미래가 어찌 될지 모르기에 역설적으로 삶에 더 충실할 수 있다는 것을. 현재의 선택은 과거의 내가 만들어낸 기회이고, 미래의 내가 기다리는 기회이니까.

*

    천경자의 〈생태〉와 헤어진 지 6년 후, 나는 다시 천경자실 그 자리에 섰다. 그즈음 나는 무척이나 지쳐 있었다. 일간지 기자 생활을 하던 때였는데, 하루 취재해서 하루 기사를 쓰는 내가 마치 하루살이 같다는 생각을 떨칠 수 없었다. 무엇을 쌓아가기는커녕 가지고 있는 걸 소진하고 있다는 위기감과 마른 수건을 억지로 짜내고 있다는 자괴감으로 갈피를 못 잡던 와중, 나는 다시 〈생태〉와 만난 것이다.

    6년 동안 많은 것이 바뀌어 있었다. 천경자는 이제 붓을 꺾었다. 그녀의 삶도 막바지를 향해 가고 있었다. 말하자면, 그녀가 남긴 작품 하나하나를 조명하는 '답안지'가 어느 정도 완성된 시점이었다. 8년 동안 나도 달라졌다. 그동안 천경자의 삶과 예술에 대해 틈틈이 공부해온 덕에 〈생태〉가 천경자의 인생에서 차지하는 의의를 읽어낼 수 있었던 것이다.

    〈생태〉를 그릴 당시, 천경자는 절망의 늪에서 허우적대고 있었다. 도박에 빠진 아버지는 집안의 논밭을 날렸고, 사업 실패로 전 재산을 잃었다. 다 쓰러져가는 초가집에 가족들이 모여 한숨으로 겨우 버티던 상황에서, 가장 의지하던 여동생은 제대로

된 치료 한번 못 받고 폐결핵으로 세상을 떠났다. 시대까지 매서웠다. 한국전쟁이 터진 것이다. 이 혼란의 와중에서도 천경자는 결혼해서 아이 둘을 낳았건만 남편은 경제적 능력이 전무했다. 결국 천경자는 이혼을 택할 수밖에 없었다.

바로 이때 천경자는 뱀을 그렸다. 왜 하필 뱀이었을까. 그녀는 두려움의 대상이었던 뱀을 똑바로 바라보고 그릴 수 없다면 고통에서 벗어날 수 없다고 생각했다. 자기 자신을 상대로 치르는 일종의 시험이었던 것이다. "젊은 여자가 단정한 그림을 그리지 않고 뱀을 그리다니!" 세간의 수군거림도 개의치 않았다. 일단 살아남아야 했으니까. 오히려 으스스한 공포가 복잡한 생각을 사라지게 하고 고통을 잊게 했다. 세월이 지난 후 천경자는 이렇게 얘기했다. "그림 속의 뱀은 저보고 더 정신 차리라고 채찍질해요. 절망스러울 때마다 뱀을 그리고 싶어요." 그녀는 폭풍우 치는 불행 속에서 지푸라기라도 잡는 심정으로 〈생태〉를 그렸던 것이다.

그리고 그 지푸라기는 곧 동아줄이 되었다. 1952년 부산에서 열린 전시회에 출품된 〈생태〉는 큰 반향을 일으켰다. 무엇보다 풍경이나 정물을 주로 그리던 시대에 뱀을, 그것도 스물일곱 살의 젊은 여성이 그렸다는 사실이 화제가 되었다. 이는 천경자에게 첫 번째 명성을 선물했다. 그 덕분에 그녀는 불행을 딛고 다음 작품을 이어나갈 수 있었다. 뱀은 결국 천경자의 구원자이자 수호신이었던 셈이다.

미술관을 나온 뒤, 나는 마치 뱀을 그리듯 미술에 관한 글을 쓰기 시작했다. 퇴근 후 늦은 밤과 주말, 쉬는 시간을 쪼개어 글을 썼다. 나는 미술 전공자도, 미술사학을 체계적으로 공부한 사람도 아니었다. 하지만 상관없었다. 일단 하루살이가 된 것 같은 기분에서 벗어나고 싶었다. 나의 자괴감과 위기의식이 만들어낸 이 글이 나를 어디로 데려다줄지 나 자신조차도 몰랐다. 어느새 글은 한 권의 책이 될 분량이 되었고, 간행물윤리위원회(현 한국출판문화산업진흥원)가 주최한 제1회 우수저작 및 출판지원사업의 당선작으로 선정되었다. 그렇게 나는 『세상을 바꾼 예술 작품들』(공저)을 출간하면서 작가라는 이름을 얻을 수 있었다.

지금 생각해보면, 미술관은 내게 두 번의 전환점을 주었다. 처음은 어린 시절, 술병 라벨 속 나폴레옹 초상을 오려내며 상상 속 '나만의 미술관'을 만들던 때. 그땐 도망치기 위해 미술이 필요했다. 두 번째는 천경자실에서 다시 만난 〈생태〉 앞. 이번엔 나아가기 위해 미술이 필요했다.

　아이였던 나는 유리조각 사이를 조심스럽게 걸어 나와 미술의 세계로 도망쳤고, 어른이 된 나는 반복되는 일상에서 나를 구하기 위해 다시 미술관으로 들어갔다. 두 시기의 나는 서로를 전혀 몰랐지만, 공통적으로 미술관이라는 공간 속에서 숨을 돌렸다. 미술은 언제나 새로운 세계로의 초대였고, 미술관은 그 초대장을 받아들인 이들을 위한 방이었다.

　내게 미술관은 단지 전시 공간이 아니었다. 작가의 고통과 감정이 농축된 작품들이 벽면을 따라 숨 쉬고 있는 곳, 그 안에서 나는 아직 완성되지 않은 나 자신을 받아들일 수 있었다. 확정되지 않았기에 계속 움직일 수 있었고, 비워져 있었기에 새로운 색이 스며들 수 있었다. 과거의 기억과 미래의 불안, 내 안의 복잡한 감정들이 덤덤히 걸음을 맞춰주는 곳, 나는 이 미술관에서 계속 써 내려갈 것이다. 내 삶의 형태를, 내 감정의 색채를, 그리고 나의 미래를.

나를 만든 세계, 내가 만든 세계
'아무튼'은 나에게 기쁨이자 즐거움이 되는,
생각만 해도 좋은 한 가지를 담은 에세이 시리즈입니다.
위고, **제철소**, **코난북스**, 세 출판사가 함께 펴냅니다.

아무튼, 미술관

초판 1쇄 2025년 11월 10일

지은이 이유리
펴낸이 김태형
디자인 일구공
제작 세걸음

펴낸곳 제철소
등록 제2014-000058호
전화 070-7717-1924
팩스 0303-3444-3469

right_season@naver.com
instagram.com/from.rightseason

ⓒ이유리, 2025

ISBN 979-11-88343-89-8 02810

이 책 내용의 일부 또는 전부를 재사용하려면 반드시 저작권자와 출판사 양측의 동의를 받아야 합니다.